九圩港二线船闸项目土建工程施工工艺标准化手册

孙 烨 金明东 李善超 主编

人民交通出版社股份有限公司

北京

图书在版编目(CIP)数据

九圩港二线船闸项目土建工程施工工艺标准化手册/
孙烨,金明东,李善超主编. — 北京：人民交通出版社
股份有限公司, 2019.12
　　ISBN 978-7-114-16099-8

　　Ⅰ.①九…　Ⅱ.①孙…②金…③李…　Ⅲ.①船闸—
工程施工—标准化—南通—手册　Ⅳ.①U641.5-62

中国版本图书馆 CIP 数据核字(2019)第 281080 号

书　　名：	九圩港二线船闸项目土建工程施工工艺标准化手册
著 作 者：	孙　烨　金明东　李善超
责任编辑：	赵瑞琴
责任校对：	孙国靖　魏佳宁
责任印制：	刘高彤
出版发行：	人民交通出版社股份有限公司
地　　址：	(100011)北京市朝阳区安定门外外馆斜街 3 号
网　　址：	http://www.ccpress.com.cn
销售电话：	(010)59757969
总 经 销：	人民交通出版社股份有限公司发行部
经　　销：	各地新华书店
印　　刷：	中国电影出版社印刷厂
开　　本：	787×980　1/16
印　　张：	8
字　　数：	112 千
版　　次：	2019 年 12 月　第 1 版
印　　次：	2019 年 12 月　第 1 次印刷
书　　号：	ISBN 978-7-114-16099-8
定　　价：	36.00 元

(有印刷、装订质量问题的图书由本公司负责调换)

前　　言

《九圩港二线船闸项目土建工程施工工艺标准化手册》(以下简称手册)是九圩港二线船闸工程创建交通运输部水运工程施工标准化示范项目过程中对施工工艺措施进行固化提炼的成果，是九圩港二线船闸工程积极推行施工工艺标准化的实践和总结。

手册全面规范船闸工程施工工艺，充分兼顾当前具有推广价值的施工工法，积极融合了新技术、新材料、新设备和新工艺，对推进船闸工程施工标准化，推动船闸品质工程建设具有借鉴意义。

手册包括总则、钢筋、模板、混凝土、测量工程、防渗帷幕多头搅拌、基槽开挖、封底、底板工程、闸室墙、输水廊道、闸首边墩空箱层、墙后附属工程、护坦工程、沉降缝、重力式靠船墩、桩柱式靠船墩、重力式护岸墙、老护岸贴面加固、排桩式导航墙、锁口钢管桩式导航墙等21章。手册对施工过程中的基本规定、施工前准备条件、工艺实施流程及工艺控制重点进行了规定和说明。

手册由南通市港航事业发展中心、江苏省交通工程集团有限公司、江苏科兴项目管理有限公司等参与九圩港二线船闸工程建设的一线建设管理、技术人员编写。主编：孙烨、金明东、李善超。副主编：谢世根、杨军、马骏。参与编写人员：黄建红、张永胜、张齐兴、赵永军、李路虎、朱建明、邓春洪、陈冲、阎仁才、孙修兵、周鹏、朱金富、孙福强、沈小金、叶炜、余王宇、张苏龙。本书编审：孙烨、金明东、李善超、黄建红、张永胜、张齐兴、赵永军。

手册可为编写船闸工程施工方案提供参考，亦可作为有关院校港航专业教学参考书。

限于编者的水平和经验，书中谬误和疏漏之处在所难免，敬请读者批评指正。

作　者
2019年5月

目 录

第1章 总则	1
1.1 编制目的	1
1.2 适应范围	1
1.3 工艺选择原则	1
第2章 钢筋	3
2.1 一般规定	3
2.2 原材及加工设备	3
2.3 钢筋加工	5
2.4 钢筋焊接技术要求	6
2.5 钢筋机械连接技术要求	7
2.6 钢筋绑扎及钢筋安装	9
2.7 钢筋保护	10
第3章 模板	11
3.1 一般规定	11
3.2 模板设计	12
3.3 模板制作与安装	12
第4章 混凝土	15
4.1 一般规定	15
4.2 混凝土原材料及施工配合比	15
4.3 混凝土搅拌	17
4.4 混凝土运输	18
4.5 混凝土浇筑	19
4.6 混凝土养护及成品保护	23
第5章 测量工程	24
5.1 测量设备进场和维护	24

5.2 控制网复测和加密 ·· 24
5.3 控制点的保护 ·· 25
5.4 施工测量放样 ·· 25
5.5 变形观测 ·· 25

第 6 章 防渗帷幕多头搅拌 ·· 27
6.1 工艺简述 ·· 27
6.2 开工准备条件 ·· 28
6.3 工艺实施流程 ·· 28
6.4 工艺控制重点 ·· 29

第 7 章 基槽开挖 ·· 34
7.1 工艺简述 ·· 34
7.2 开工准备条件 ·· 34
7.3 工艺实施流程 ·· 35
7.4 工艺控制重点 ·· 35

第 8 章 封底 ·· 39
8.1 工艺简述 ·· 39
8.2 开工准备条件 ·· 39
8.3 工艺实施流程 ·· 39
8.4 工艺控制重点 ·· 40

第 9 章 底板工程 ·· 43
9.1 工艺简述 ·· 43
9.2 开工准备条件 ·· 43
9.3 工艺实施流程 ·· 44
9.4 工艺控制重点 ·· 44

第 10 章 闸室墙 ··· 51
10.1 工艺简述 ··· 51
10.2 开工条件准备 ··· 52
10.3 工艺实施流程 ··· 52
10.4 工艺控制重点 ··· 53

第11章 输水廊道 ·· 62
11.1 工艺简述 ·· 62
11.2 开工条件准备 ······································ 62
11.3 工艺实施流程 ······································ 63
11.4 工艺控制重点 ······································ 63

第12章 闸首边墩空箱层 ···································· 68
12.1 工艺简述 ·· 68
12.2 开工准备条件 ······································ 68
12.3 工艺实施流程 ······································ 69
12.4 工艺控制重点 ······································ 69

第13章 墙后附属工程 ······································ 75
13.1 工艺简述 ·· 75
13.2 开工准备条件 ······································ 75
13.3 工艺实施流程 ······································ 76
13.4 工艺控制重点 ······································ 76

第14章 护坦工程 ·· 79
14.1 工艺简述 ·· 79
14.2 开工准备条件 ······································ 79
14.3 工艺实施流程 ······································ 80
14.4 工艺控制重点 ······································ 80

第15章 沉降缝 ·· 84
15.1 工艺简述 ·· 84
15.2 开工准备条件 ······································ 84
15.3 工艺实施流程 ······································ 84
15.4 工艺控制重点 ······································ 85

第16章 重力式靠船墩 ······································ 86
16.1 工艺简述 ·· 86
16.2 开工准备条件 ······································ 87
16.3 工艺实施流程 ······································ 87

16.4　工艺控制重点 …………………………………………… 88
第17章　桩柱式靠船墩 ……………………………………………… 92
　　17.1　工艺简述 ………………………………………………… 92
　　17.2　开工准备条件 …………………………………………… 92
　　17.3　工艺实施流程 …………………………………………… 93
　　17.4　工艺控制重点 …………………………………………… 93
第18章　重力式护岸墙 ……………………………………………… 97
　　18.1　工艺简述 ………………………………………………… 97
　　18.2　开工条件准备 …………………………………………… 97
　　18.3　工艺实施流程 …………………………………………… 98
　　18.4　工艺控制重点 …………………………………………… 99
第19章　老护岸贴面加固 …………………………………………… 103
　　19.1　工艺简述 ………………………………………………… 103
　　19.2　开工准备条件 …………………………………………… 104
　　19.3　工艺实施流程 …………………………………………… 104
　　19.4　工艺控制重点 …………………………………………… 104
第20章　排桩式导航墙 ……………………………………………… 109
　　20.1　工艺简述 ………………………………………………… 109
　　20.2　开工准备条件 …………………………………………… 110
　　20.3　工艺实施流程 …………………………………………… 110
　　20.4　施工控制重点 …………………………………………… 110
第21章　锁口钢管桩式导航墙 ……………………………………… 114
　　21.1　工艺简述 ………………………………………………… 114
　　21.2　开工准备条件 …………………………………………… 115
　　21.3　工艺实施流程 …………………………………………… 115
　　21.4　工艺控制重点 …………………………………………… 116

第1章 总　　则

1.1 编制目的

为进一步规范船闸工程施工,提高管理水平,保证施工质量,减少质量通病的发生,促进施工安全文明,总结成熟的、具有推广价值的工艺工法,鼓励新技术、新材料、新设备和新工艺的推广和应用,结合江苏省船闸工程施工实际情况,编制本手册。

1.2 适应范围

本手册适应于江苏省内新建、改建和扩建的船闸工程土建施工,规定了船闸工程土建施工工艺标准及贯彻标准的基本要求。

1.3 工艺选择原则

施工单位在进场后应根据本手册结合项目特点细化现场使用的施工工艺,可在手册中规定的工艺基础上进行优化和提升,改进工艺必须符合《水运工程质量检验标准》(JTS 257—2008)的规定,经监理单位和建设单位批准后执行。

从适用、安全、环保节能、新工艺、功效等角度,引导成熟先进工艺的选用。

(1)适应原则

对比工艺的优缺点,选择适合工程规模、条件、目标的施工工艺。

(2)工艺安全风险原则

分析比较工艺安全风险因素,选择工艺技术可靠、风险较低的施工工艺。

(3)环保节能原则

以不破坏和少破坏环境为优先原则,考虑材料、模板和钢筋通用性,提高材料利用率,节能降耗,倡导绿色施工。

(4)推广新工艺的应用原则

推动技术创新,严禁采用安全风险高的工艺,淘汰落后工艺。

(5)功效原则

安全性和施工效益相统一,以安全性为前提,采用合理的施工工艺,增加施工效率,节约成本,增加施工效益。

第2章 钢 筋

2.1 一般规定

(1)钢筋采购应选择资信等级高、信誉好、管理规范的大中型生产厂家,严禁使用废旧钢筋。

(2)推荐使用本地供货业绩好,钢材特性较为熟悉的生产厂家,采用新建或无采购经历厂家的钢材时应预先组织考察,进行摸底检验,了解钢材性能,并报监理工程师批准。

(3)钢材进场后施工单位应按不同的规格、牌号、炉批号组成不同批次抽样检验,监理单位按频率抽检,检验项目应包括:拉伸、弯曲、直径、长度、重量偏差。检验合格后按照相关要求存放。

(4)开工前应有技术水平高、经验丰富的技术人员仔细审阅(核)施工图,复算结构尺寸与钢筋数量表中各配筋尺寸。无误后出具由质检负责人签字确认的钢筋配料单,由钢筋班配料、下料。具备条件的可以引用BIM技术进行碰撞检查。

(5)钢筋应集中加工,钢筋原材、半成品、成品应使用平板车运输,为避免运输过程造成钢筋变形,不应采用底部悬空车辆运输。

2.2 原材及加工设备

(1)钢筋应具有出厂质量证明书和试验报告单,进场时除应检查其外观和标志外,还应按不同的钢种、等级、牌号、规格及生产厂家分批抽取试样进行力学性能检验。钢筋经进场检验合格后方可使用。

(2)钢筋表面应洁净,无麻坑、斑点、伤蚀、油渍、漆皮、浮锈应清理干净。钢筋应平直、无弯曲。

(3)钢筋垫高堆放:

①在钢筋场地浇筑混凝土条形基础或型钢基础(图2-1),间距按3m布置,确保钢筋堆放不变形。

图2-1　混凝土条形基础

②加工钢筋骨架支撑(图2-2),30cm(高)×300cm(长),供加工半成品堆放。

图2-2　钢筋骨架支撑

③钢筋原材料按照名称、产地、规格型号分类堆放,并设置钢筋标识牌(图2-3)。

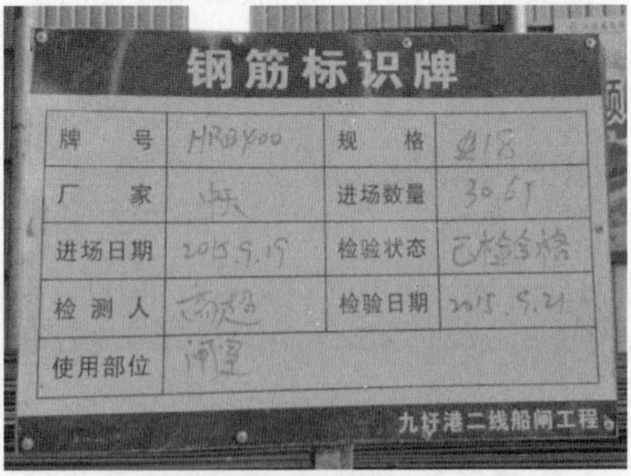

图2-3　钢筋分类标识牌

(4)钢筋加工设备除常规的弯曲机、切断机、调直机、绞丝机,施工过程可推广"四新"应用,引用钢筋笼滚焊机(图 2-4)、钢筋弯曲机(图 2-5)等设备。

图 2-4 钢筋笼滚焊机

图 2-5 钢筋弯曲机

2.3 钢筋加工

(1)钢筋下料长度计算

①直线钢筋下料长度 = 构件长度 − 保护层厚度 + 弯钩增加长度。

②弯起钢筋下料长度 = 直段长度 + 斜段长度 − 量度差值(弯曲调整值) + 弯钩增加长度。

注意:度量差值 = 钢筋的外包尺长度 − 钢筋的中轴线长度

钢筋在弯曲时,外侧会变长,而内侧会变短,但轴线尺寸不变。

③钢筋加工前应对钢筋下料长度、接头设置位置等预先进行计算,尽量避免或减少主筋接头,接头末端距弯起位置须大于 $10d$(d 为钢筋直径,下同),且不得设置于最大弯矩处。

钢筋划线切断下料如同 2-6 所示。

(2)钢筋平直、无局部弯折,成盘或弯曲的钢筋采用调直机进行调直。

(3)钢筋形状、尺寸应按照设计规定进行加工。钢筋的弯制和端部的弯钩应符合设计要求。

(4)钢筋弯曲加工时应按设计角度一次弯曲成形,不得反复弯折,钢筋弯曲机应配置 $2.5d$、$5d$、$10d$、$12d$ 等不同直径的内支辊,在内支辊规格不足时采用弯曲内径更大支辊替代。

钢筋弯曲、钢筋切断施工分别如图 2-7、图 2-8 所示。

图 2-6　钢筋划线切断下料

图 2-7　钢筋弯曲机施工

图 2-8　钢筋切断机施工

2.4　钢筋焊接技术要求

(1)钢筋焊接采用电弧焊时,两根钢筋端部按搭接长度要求预先起弯,使焊接后的钢筋轴线保持一致。电弧焊接头的焊缝长度,双面焊不小于 $5d$,单面焊不小于 $10d$。

(2)钢筋下料前根据焊接方式规定的长度确定下料长度。

(3)HRB335 钢筋采用搭接焊时采用 J422 型号以上焊条;HRB400 钢筋采用搭接焊时须采用 J502 型号以上焊条。

(4)焊缝宽度不小于 $0.7d$,厚度不小于 $0.3d$;焊缝须饱满,并将焊渣及时敲除。

(5)钢筋焊接可采用闪光对焊、单(双)面帮条焊、单(双)面搭接焊、电渣压力焊、气压焊等形式。其中电渣压力焊仅用于竖向钢筋连接,不得用于水平钢筋连接。

(6)钢筋焊接施工前,参与施工的焊工必须进行现场焊接工艺试验,试验合格后准予焊接工作。

(7)焊接施工前应清除钢筋焊接部位及电极接触表面锈斑、油污、杂物等,钢筋端部有弯折时应矫直或切除。

(8)$\phi 10 \sim \phi 25$ 钢筋焊接宜采用搭接焊、帮条焊焊接,当 $\phi 25$ 以下钢筋采用闪光对焊时需进行焊接工艺评定。

(9)钢筋焊接应在气温大于 $-5℃$ 环境中进行。当气温低于 $-5℃$ 时应采用预热、增大电流、降低焊接速度等工艺措施,并进行焊接工艺试验合格后方能进行;当气温低于 $-20℃$ 时,严禁一切焊接作业。

2.5 钢筋机械连接技术要求

钢筋机械连接采用滚轧直螺纹和挤压套筒两种方式。

(1)滚轧直螺纹套筒

①切割下料:对端部不直的钢筋要预先调直,按规程要求,切口的端面应与轴线垂直,不得有马蹄形或挠曲,钢筋端部使用砂轮片切割磨平(图2-9)。

图2-9 钢筋端头切割

②加工丝头:

a. 将待加工钢筋夹持在设备的台钳上,开动机器,扳动给进装置,动力头向前移动,开始剥肋滚压螺纹,等滚压到调定位置后,设备自动停机并反转,将钢筋端部退出动力头,扳动给进装置将设备复位,钢筋丝头即加工完成。

b. 加工丝头时,应采用水溶性切削液。严禁用机油作切削液或不加切削液加工丝头。

丝头加工长度为标准型套筒长度的1/2,其公差为+2P(P为螺距,下同)。

③加工好的丝头采用通端螺纹环规、止端螺纹环规进行检验。通端螺纹环规能顺利旋入螺纹,止端螺纹环规允许与端部螺纹部分旋入,旋入量不允许超过3P。

④加工好的丝头应加以保护,在丝头上加保护帽(图2-10),以防在运输过程中被损坏或污染。

⑤滚轧直螺纹接头使用扭矩扳手(图2-11)进行连接,将两个钢筋丝头在螺纹套筒中间位置相互顶紧,扭矩扳手精度为±5%。

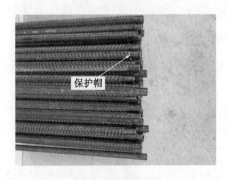 

图2-10　丝头保护帽　　　　　图2-11　扭矩扳手连接

(2)挤压套筒

钢筋笼连接采用挤压套筒进行连接(图2-12)。采用挤压机进行挤压,当油压表读数达到规范要求时,方可停止。

图2-12　挤压套筒连接

2.6 钢筋绑扎及钢筋安装

(1)钢筋安装

①钢筋的型号、规格、直径、根数、间距等应按图纸要求进行加工。

②对多层多排钢筋,根据安装需要在其间隔处设立一定数量的架立钢筋,跨度较大或自重较重的宜用型钢支撑(如闸室底板顶面钢筋层),架立钢筋不得伸入混凝土保护层内,架立钢筋或型钢底部支撑应固定牢固。

③预埋钢筋应增设临时定位钢筋辅助定位固定,推荐使用劲性骨架,保证定位准确牢固。

(2)钢筋绑扎

①钢筋的交叉点采用铁丝扎牢,必要时采用点焊焊接。

②绑扎采取逐点改变绕丝方向的8字形方式交错扎结;结构或构件拐角处的钢筋交叉点应全部绑扎;中间平直部分的交叉点可交错绑扎,但绑扎的交叉点占全部交叉点的40%以上。

③绑扎钢筋的铁丝丝头须伸入钢筋骨架内。

④热轧光圆钢筋在受拉区采用绑扎时应设置弯钩。

(3)钢筋骨架焊接

①骨架焊接时,不同直径钢筋的中心线宜安装在同一平面上。施焊顺序应由中到边对称地向两端进行,先焊接骨架下部,后焊接骨架上部。相邻焊缝采用分区对称跳焊,不得顺方向一次焊成。

②钢筋骨架的焊接拼装应在固定的工作平台上进行,钢筋笼骨架制作应采用钢筋定位模架或模具,钢筋交叉点应采用双丝绑扎牢固或采用电焊焊牢。

(4)保护层垫块设置

①混凝土垫块采用专业厂家定制,要求其具有足够的强度和密实性,垫块的制作厚度不应出现负误差,正误差不大于1mm。钢筋保护层垫块应采用圆饼形、梅花形、条形高强度砂浆垫块,强度应为混凝土强度的1.0~1.2倍。

②垫块相互错开,呈梅花形布置,在钢筋与模板之间所布设的数量不少于

4个/m²，重要部位适当加密。垫块平面布置，如图2-13所示。

③垫块与钢筋绑扎牢固，且其铁丝的丝头不应进入混凝土保护层内。垫块与模板应紧贴。垫块绑扎如图2-14所示。

图2-13　垫块平面布置

图2-14　垫块绑扎

2.7　钢筋保护

对于暴露在空气中时间较长的钢筋，为防止其生锈，钢筋表面宜涂刷改性防锈涂料（图2-15）。防锈涂料应选用水溶性涂料，后期不得影响钢筋与混凝土的锚固力。

闸室宽缝预留钢筋防锈如图2-16所示。

图2-15　钢筋防锈处理

图2-16　闸室宽缝预留钢筋防锈

第 3 章 模 板

3.1 一般规定

(1)模板应进行设计计算,具有足够的强度、刚度和稳定性,外露混凝土面的模板应平整光洁,接缝平整、严密。

(2)模板及支架材料的材质、规格应根据其结构物特点、质量要求及周转次数确定。应优先选用钢材、胶合板、硬质塑料、混凝土等材料,尽量少用木材。

(3)模板与混凝土接触面应涂刷优质脱模剂,不宜用机油,严禁使用废机油。

(4)钢模板表面应打磨并抛光,若距混凝土浇筑时间较长时,表面应涂刷阻锈剂。

(5)胶合板应表面平整、光滑,防水胶合层应无翘起和起皱,木质骨架应无翘起和结疤,严禁使用腐朽、严重扭曲或脆性的木材。

(6)在大体积混凝土结构倒角等斜面混凝土产生的气泡不易引排的部位,宜在模板表面粘贴混凝土透水模板布,有效治理混凝土表面气泡、砂线、砂斑、微裂纹等质量通病,同时提高混凝土表面强度和耐磨性。

(7)模板内对拉筋应由金属杆或螺杆组成,模板拆除之后,留在混凝土内的对拉筋应在混凝土表面以内 25mm 以上切断,形成的孔、洞用砂浆或环氧砂浆补平。对拉筋与模板间隙处宜采用橡胶材质密封圈。修补后的孔洞应规则、大小一致、表面颜色尽可能与母体一致。

(8)模板支架宜采用碗扣式、扣件式钢管脚手架,也可采用型钢、贝雷片或其他定型钢构件。模板及支架在使用过程中应定期检查,当变形不满足规范要求时应及时调整或更换。

(9)冬季施工时,对于大面外露钢模板,应在其背面设置保温材料。

(10)模板或支架现场制作完成或外加工进场应进行专项验收,如需堆放应保证堆放场地平整,确保模板不变形。

3.2 模板设计

(1)模板、支架应根据船闸结构形式、跨度、荷载大小依据规范进行深化设计,计算时宜考虑一定的超载系数。

(2)支架应为几何不变体系,立杆间根据受力要求应设置水平及斜向支撑连接杆件,支架呈曲面布置时横断面应设置加密剪刀撑,以增加支架稳定性。

(3)设计时应绘制模板、支架整体安装图、节点大样图或细部构造图。

(4)钢模板的面板宜采用4~6mm厚钢板,面板宜进行酸洗处理,工前平整度检验允许误差宜提高标准。拼接焊缝按焊接工艺进行,焊缝应打磨平整。模板围檩体系宜选用型钢。廊道进出口等异形面钢模应专业加工。

(5)对于断面尺寸较大的结构物,模板设计需考虑水平缝及垂直缝在同一条直线上,圆弧段或异形段尽可能采用新模板根据设计尺寸重新下料,避免模板组拼形成多道接缝。

(6)结构物各节段之间一般设置沉降缝,考虑模板移动后与相邻墙留有一定的搭接长度,一般会根据设计节段长度增加10~20cm模板搭接,模板搭接主要为了控制相邻墙间错台及线形顺接,减少该搭接位置的漏浆。设计模板高度一般比结构高度增加2~5cm,以保证控制高程时留有调整空间,例如:

①护岸墙身的压顶部分施工,墙身施工完成后需顶面凿毛后进行压顶施工,此时墙身浇筑高度预留凿毛高度就尤为关键。

②结构墙身迎水面设计钢板护面或墙身分节浇筑的,钢板护面下节段墙身浇筑时需略高于设计高程,钢板护面段墙身施工前统一切割下节段墙身顶高,以确保钢板护面下端齐平,此时模板设计高度尤为关键。

3.3 模板制作与安装

(1)模板必须严格按照经审核的安装图施工,并应使浇筑的混凝土符合设计的几何尺寸和表面平整度的要求,模板接缝要足够紧密。异型钢模板制作完成后应进行厂内整体试拼,检查拼缝平整度、外形尺寸,对不合格处进行修整。

(2)模板拼接、锚固时应设临时支撑,保证其形状和位置,严禁将模板系于结构钢筋上。模板预拼缝处设置方木骑缝,方木搭接拼缝两侧竹胶板。

(3)曲面模板的安装应足够精确,应使用轻质定型骨架定位,使混凝土表面曲度符合要求。

(4)立模时应按设计图纸进行模板安装的测量放样,重要结构应设置必要的控制点,以便检查校正。

(5)支架必须支撑在坚实的地基或混凝土基础上,并应有足够的支撑面积,斜撑应防止滑动。

(6)拉条螺栓孔在模板内侧需设置橡胶圆台螺母,外侧采用泡沫剂封堵,水平止水下端须粘贴双面胶带与模板贴合,外侧采用玻璃胶封堵。

(7)模板的钢拉条不应弯曲,直径应大于10mm。伸出混凝土外露面的拉杆应采用端部可拆卸的结构形式。拉杆与锚环的连接必须牢固,预埋在下层混凝土中的锚定件上。

(8)现浇钢筋混凝土梁、板,当跨度大于或等于4m时,模板应起拱;当设计图纸无具体要求时,起拱高度应为全跨长度1/1000~3/1000。

(9)墙身模板安装完成后放出墙身前沿线特征点,通长挂线对模板前沿进行微调,两端及中间悬挂锤球,检验模板垂直度及后倾值。

(10)混凝土分层浇筑分层立模时应逐层校正下层偏差,模板下端紧贴混凝土面,采用弹性胶条密封,防止错台和漏浆。

(11)承重骨架的模板,必须按设计图纸位置可靠的固定在承重骨架上,以防止在运输及浇筑时错位。承重骨架安装前,应先做试吊及承载试验。

(12)已安装完模板不得与上下爬梯、扶梯连接,避免引起模板振动变形。

(13)整体移动钢模板龙骨形式可采用网格型,为保证模板整体的刚度,在纵向加两道加强槽钢;面板与龙骨焊接要牢固,应根据方案设计的位置在面板打好泄水孔和对拉螺栓孔;为保证整体钢模不上浮,模板下端需设置反压型钢与结构基础预埋的地脚螺栓相连接。对于卷扬式整体移动模板,为移动模板方便在前后面板下部安装2个带导向滚轮的行程在15~20cm的千斤顶。

（14）模板在厂内制作完毕后，装运至现场进行拼装组合，先将面板和端板基本就位后用螺栓连接好，安装好对拉螺栓和地锚，再进行定位调整，定位调整过程中要采用全站仪精确定位模板位置，整体性钢模板的移动通过安装在前面的卷扬机或小型移动模架，移动过程中控制好移动速度，以免对浇筑好的成品混凝土结构造成破坏。施工一段时间后，应对变形部位进行修整或对变形的零件加以更换。

第4章 混 凝 土

4.1 一般规定

(1)混凝土配合比设计需满足设计及施工需要,配合比试验需对耐久性指标进行检测,检测项目包括混凝土中氯离子总含量、混凝土抗氯离子渗透、碱-集料反应、抗冻、抗渗等项目,宜进行混凝土收缩试验评价。

(2)混凝土可掺入粉煤灰,粉煤灰用量根据结构物不同部位进行相应控制,特殊部位的须从严控制。

(3)混凝土浇筑前确认天气情况,避免雨天进行混凝土浇筑施工,遇特殊情况应及时采取防雨措施。尽量避免恶劣天气下的混凝土浇筑施工,遇特殊情况应采取相应的预防措施。

(4)根据实际结构物的单体方量确定混凝土施工设备的配备型号及数量(考虑备用),确保混凝土浇筑时各施工设备运转正常。

(5)混凝土运输便道通畅,夜间施工做好照明及警示。

(6)浇筑现场安全防护措施满足专项方案要求,落实相关环保措施。

4.2 混凝土原材料及施工配合比

(1)主要原材料应由建设单位、监理工程师、施工单位对拟采购的料源地进行联合考察,并取样预检测、封样。

对进场的材料按规定进行取样检测,包括水泥、黄沙、石子、粉煤灰、外加剂,浇筑前需对砂、石料含水率进行试验检测,新采购材料与料仓内材料分堆存放,料仓多点取样,确保砂石含水率的数值具有代表性,根据测定结果由工地试验室主任进行配合比调整。

(2)混凝土配合比设计时,在保证混凝土具有良好工作性的情况下,应尽可能的降低混凝土的单位用水量,采用低砂率、低坍落度、低水胶比,掺高效或高性能外加剂。粉煤灰的掺量应按相应规范、设计参考值或不同结构物的特殊要求进行配合比设计。

(3)试验工程师应适时测试集料的含水率,按程序及时调整施工配合比,确保计量准确,配合比正确。

(4)第一次开盘须进行混凝土检测,每调整一次施工配合比,须进行一次开盘混凝土检测。

(5)实际使用的各种原材料必须与配合比设计相一致。材料进场后,按材料控制程序进行登记,并收集、保留相关资料。所有原材料做到先检后用;集料堆放场地先硬化、分仓,后堆放原材料;粗集料按要求分级采购、分级运输、分级堆放、分级计量,并对其检验状态进行标识。严格控制集料含泥量、级配,并用钢结构雨棚覆盖,降低集料的含水率差异和温度变化。

料斗规范堆料、料仓大棚分别如图4-1、图4-2所示。

图4-1 料斗规范堆料

图4-2 料仓大棚

(6)水泥。

①除满足规范要求外,根据工程性质、施工条件、气候环境及其他技术要求,综合考虑各种因素,以达到满足混凝土设计强度和耐久性的要求。应尽量选用水化热低、凝结时间长的水泥,且水泥细度低一些,可以减少混凝土的收缩应力。

②冬季施工优先选用硅酸盐水泥或普通硅酸盐水泥,使用其他品种水泥时,其强度等级不应低于42.5MPa,并应注意其中掺合料对混凝土抗冻抗渗等性能的影响。

(7)集料。

①由于水运工程的结构体积较大,粗集料应选用级配合理、质地均匀坚固、粒径较大、粒形良好、线性膨胀系数小、非碱活性的洁净碎石。为保证混凝土浇捣密实,粗集料的最大公称粒径不宜超过钢筋混凝土保护层厚度的2/3,同时最大粒径不大于结构断面最小尺寸的1/4,且不得大于钢筋间最小净距的3/4。

②细集料应选用级配合理、吸水率低、空隙率小的洁净中砂,空隙率小总表面小需要包裹砂子表面的水泥浆量也就减少,可以减少水泥用量,降低水化热,对防止裂缝有利。控制砂的含泥量,一般混凝土中其含量≤3%,含泥量越大,收缩变形越大,裂缝就越大,因此细集料尽量用干净的中粗砂,从而降低混凝土的干缩,减少水化热,对混凝土的裂缝控制有重要作用。

③冬季施工对大棚内的集料覆盖土工布防止表面材料受冻,集料不得含有冰、雪等冻结物。拌和前,用装载机将粗细集料最外一层约50cm左右的最表层清除,使用下面一层受冻较少的粗细集料。

(8)粉煤灰。

①混凝土中掺入一定数量的优质粉煤灰,不但能减少水泥用量,还能改善混凝土拌合物的流动性、黏聚性、保水性,改善施工时的可泵性,降低胶凝材料体系的水化热,减少混凝土的温升,减少新拌混凝土的泌水等。

②粉煤灰的掺量,严格按配合比设计执行。

(9)外加剂。

①高效或高性能减水剂和引气剂复合使用,对减少大体积混凝土单位用水量和胶凝材料用量,改善新拌混凝土的工作度,提高硬化混凝土的力学、热学、变形、耐久性等性能起着极为重要的作用。

②外加剂宜采用水剂,且应采用专门的避光储存罐储存,并加设循环泵。

③外加剂储存不宜超过6个月,如发现有沉淀或离析现象需进行复检。

4.3 混凝土搅拌

(1)常温拌制

①混凝土拌制应采用自动计量、进料、误差自动补偿和控制搅拌时间的强制式搅

②混凝土拌和前试验工程师需开具"混凝土配合比通知单"交拌和站负责人录入电脑。

③料仓各集料分类堆放并做好标识,新采购料与原仓内料需仓内分块堆积以便有效检测集料含水率利于对混凝土坍落度的控制;集料斗内材料高度不得高于隔仓板,以防止拌和过程的串仓影响混凝土配合比。

④拌和混凝土时,对集料含水率需按不低于4次/d的频率测定,并及时调整配合比参数,拌和前对料仓内集料按"上、中、下"测定3次。

⑤混凝土拌和过程中及时检测混凝土工作性能指标,拌合物应均匀、颜色一致,不得有离析及明显泌水,泌水率控制在3%以内。

⑥混凝土坍落度需在搅拌地点和施工现场分别检测,坍落度波动较大时应由试验室技术负责人进行施工配合比调整,拌和站操作人员不得随意调整配合比,放料工及运输驾驶员不得随意增水或冲洗车辆。

(2)冬季拌制

①冷天拌制混凝土时应优先采用加热水的方法,当加热水仍不能满足要求时,再对集料进行加热,水及集料的加热温度应根据热功计算确定。

②搅拌前应用热水冲洗搅拌机,使搅拌机升温。拌和时搅拌时间应较常温延长。投料顺序,先投放集料、水搅拌,再加胶凝材料搅拌。确保混凝土的出机温度不低于15℃,入模温度不低于5℃。

③配合比掺入具有早强作用的防冻剂。防冻剂的作用是降低混凝土液相的冰点,使混凝土早期不受冻,并使水泥的水化能继续进行;早强剂是指能提高混凝土早期强度,并对后期强度无显著影响的外加剂。

④减少混凝土中粉煤灰掺量,相应增加水泥掺量。

⑤混凝土拌和终了,清除水秤及外加剂秤内积液,防止上冻。

⑥混凝土拌和终了,清除集料仓内余料,防止余料上冻,堵塞卸料机下料口。

4.4 混凝土运输

(1)混凝土运输能力及时间需适应混凝土的凝结时间和浇筑速度,确保浇筑过程不间断,并使混凝土到浇筑现场时仍保持均匀性及满足要求的坍落度。

(2)混凝土运至现场后,未能及时卸料须保持运输车料罐转动,卸料前强行搅拌不小于2min,若发生泌水、离析等现象进行二次搅拌,二次搅拌不得加水,必要时可外掺减水剂或与混凝土相同水胶比的水泥砂浆。

(3)泵送混凝土时,泵管应平直,减少弯折接头数量,弯头数量不大于4个,泵管拼接密封牢固,现场配有备用泵管,以应对浇筑过程中泵管出现故障。

(4)混凝土泵送过程必须连续,每车间隔不超过15min,泵车收料斗应有足够的混凝土,防止吸入空气形成阻塞。

(5)采用吊罐运输混凝土时,吊罐应便于卸料,卸料活门开启方便,卸料活门处不得漏浆,吊罐装料量为其容积的90%。

4.5 混凝土浇筑

(1)布料点及分层线标识。

浇筑前需针对各分项工程设计结构尺寸划分浇筑布料点,布料点要求均匀分布,布料点间距不大于5m,单层布料能够覆盖全断面;垂直方向进行布料分层标识(图4-3),浇筑时布料高度严格按照标识线放料,混凝土自由倾落高度不大于1.5m,泵管顶端距离混凝土面不大于20cm。为避免混凝土离析,浇筑前须设置串筒(图4-4),串筒出料口混凝土堆积高度不得超过1m。

图4-3 串筒

图4-4 布料分层标识

(2)浇筑混凝土时应有相应控温措施,混凝土入模温度不宜大于28℃,模板与钢筋温度不宜超过40℃;大体积混凝土首件工程应设置测温装置,水泥水化过程中及时测温,测温周期不少于1周。

(3)混凝土浇筑厚度、方向、顺序应根据方案严格执行,大体积或高大构件浇筑时应水平分层浇筑,钢筋较密处可采用斜面分层浇筑方式,分层厚度满足规范要求。

(4)对于大体积混凝土,须人工入仓布料,边角处及模内盲区位置预先用人工沿模板布料,布料过程中严禁使用振捣棒振捣平仓,布料过程中注意泵管端头不得正对拉条、预埋件、模板卸料。

(5)混凝土振捣需充分,防止出现漏振、过振、振捣不密实现象,以混凝土停止下沉、不再出现气泡、表面泛出砂浆,判断该点振捣到位。振捣时砂浆提至表面,砂浆表面外露石子有1/3粒径即可,既保证了上下层的连接,又保证了振捣层面混凝土的均匀性;振捣时间不宜过久,太久会出现砂与水泥浆分离,石子下沉,并在混凝土表面形成砂浆层,影响混凝土质量;振捣过程管理人员需严密监视,确保不漏振、不过振。

(6)振捣器的振捣方法有两种:一是直插振捣,即振动棒与混凝土表面垂直;二是斜插振捣,即振动棒与混凝土表面成一定角度,约为40°~45°,如图4-5所示。

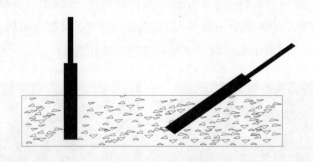

图4-5 直插、斜插

(7)振捣器的操作要做到"快插慢拔"。快插是为了防止因面层混凝土先振捣密实,出现面层混凝土与下部混凝土分层、离析现象;慢拔是为了使混凝土能填满振动棒抽出时所造成的空洞。对于半硬性混凝土,有时还要在振动棒抽出的洞旁不远处,再将振动棒重新插入才能填满空洞。在振捣过程中,宜将振动棒上下抽动,以使上振下捣密实均匀。

（8）混凝土分层浇筑时,相邻振捣点间距不得超过振动器作用距离的1.5倍,振捣点间距为45cm;在振捣上一层时,应将振捣器插入下一层混凝土中5～10cm,以消除两层之间的接缝,同时应在下层混凝土初凝前振捣上层混凝土。分层浇筑混凝土时需在下层混凝土初凝前完成上层浇筑,避免分层浇筑时间过长,重塑时出现"冷缝"。

上下层振捣示意如图4-6所示。

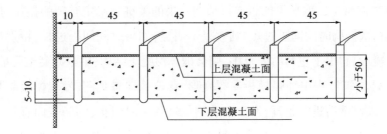

图4-6　上下层振捣示意图(尺寸单位:cm)

（9）振动器插入混凝土内的点要均匀排列,可按"行列式排列"或"交错式排列"的次序移动(图4-7),但不可混用,以免漏振,每次移动的距离不得超出振动棒的作用半径,移动时应成排依次振捣前进,前后位置和排与排间相互搭接应有3～5cm。

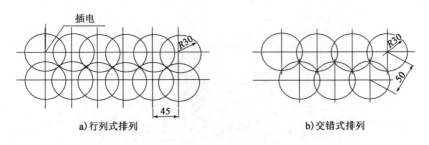

图4-7　振捣点示意图(尺寸单位:cm)

(10)使用振动器时,坚持"三不靠"原则,振动器距离模板不宜大于15cm,也不宜紧靠模板,在模板附近振捣时,应同时用木槌轻击模板,在钢筋密集处和模板边角处,应配合使用铁钎捣实,且应尽量避免碰撞钢筋及各种预埋件。

(11)混凝土的二次振捣,上层布料时间距离下层初凝约1~4h,重新对下层混凝土进行振捣。混凝土的二次振捣有很多优点,不仅可以提高混凝土的强度,或在保证强度的前提下节约水泥用量,而且可以增加混凝土的密实度,提高防渗性,消除混凝土由于沉陷产生的裂纹和细缝。

(12)混凝土二次振捣能否取得预期效果的关键是确定合理的振捣时间,如果距离初次振捣时间间隔过短,则效果不明显;如果时间间隔过长,特别是在混凝土初凝后,超出了重塑时间范围,则会破坏混凝土结构,影响混凝土质量。

(13)浇筑过程中加强模板支撑变形、移位的动态观测,发现模板漏浆及时堵漏;专人对钢筋进行整理,发生钢筋移位现象及时纠正,钢筋表面有砂浆洒落及时采用空压机清扫;待模板表面溅射的水泥浆假凝后及时采用湿润土工布清除;混凝土表面出现泌水现象及时采用自吸泵处理。

(14)混凝土浇筑完成后,对混凝土面及时整平,面积较大的结构人工分段采用刮尺整平,表面泌水及浮浆及时处理,泌水处及时补料找平,收浆后进行二次抹面(视气温及混凝土面层实际凝固情况),底板等外露面较大的混凝土表面采用磨光机机械抹面(图4-8),浇筑过程中测量人员跟踪测量顶面高程及平整度,重点注意相邻段结构衔接面的高程及平整度。

图4-8 磨光机机械抹面

4.6 混凝土养护及成品保护

(1)冬季期间:混凝土结构采用先涂刷2遍养护液,后采用塑料薄膜+2层土工布+油布覆盖保温养护,船闸主体结构物推荐采用密闭式框架棚覆盖,棚内加湿器增湿保温养护,各分项结构物悬挂养护责任人牌,做好结构养护记录。

(2)夏季期间:透水土工布覆盖成品混凝土结构,采用生活用水喷淋养护。

(3)施工成品结构物边角处粘贴泡沫板,防止后续相邻结构施工过程中撞击破损;涉及相邻结构混凝土施工时需对已完成结构表面加以覆盖,防止混凝土浇筑过程中污染成品结构。

第5章 测量工程

5.1 测量设备进场和维护

(1)根据工程的需要,选用相关等级精度的测量设备,且进场测量设备必须要有合格证和标定证书。

(2)设备进场后必须标定检测后才能投入使用,在使用过程中测量设备要定期检查,定期标定维护。

5.2 控制网复测和加密

(1)施工单位接收交桩后应在28d内完成控制网复测和加密工作,加密点宜选择在靠近线路,施工干扰范围外、土层良好、便于观测、易于保存的位置。施工过程中每3个月应对控制网进行复测,直至工程交工。

(2)船闸工程沿上下游及船闸主体工程两侧均匀布置控制网,船闸主体两侧各布置平面和高程控制点均不少于4个。

(3)船闸平面控制网应符合一级导线精度要求,高程控制网应符合四等以上水准点精度要求,变形观测基准点应比相应控制网精度要求提高一级。

(4)加密、复测等工作完成后应及时将测量成果上报监理工程师。对存在异议的控制点数据,施工单位应向监理工程师提交书面报告(列出有误数据或修正数据)。

(5)在控制网点复测前,施工单位应编制总体测量方案,测量方案包括控制网点、加密点的布设、复测的方法、复测的频率、精度要求、数据记录、内业成果资料整理分析等内容。

(6)航道工程航道两侧均衡交叉布置平面(高程)控制网点,相邻网点之间的距离控制在300~500m,并有第三点校核。

(7)平面控制网应符合一级导线精度要求,高程控制网应符合四等级以上水准精度要求。

(8)变形观测基准点可以使用平面控制网点和高程控制网点,变形观测时比平面控制、高程控制精度要求提高一个等级。

(9)施工单位应定期(每3个月)进行控制网的复测,并与相邻合同段进行联测,发现问题应查明原因,及时处理。

5.3 控制点的保护

(1)对控制网应定期进行复测,保证控制网点的精度要求。

(2)控制点做好警示标志,降低被破坏的可能性。在施工期间,如发现控制点受到破坏需要及时恢复控制点,确保施工的方便。

5.4 施工测量放样

(1)施工测量放样前,应对船闸及航道各部位结构的坐标、设计高程等数据进行复核计算,做到多人多次计算,互相复核,核对无误后,报总工程师校核,总工程师校核无误后上报监理单位确认后方可施工测量。

(2)施工测量应严格执行复核制度,必须采用第3点进行校核,较少或避免测量过程中的人为错误,最大限度地防止出现差错。

(3)施工测量放样必须遵守的原则:长边控制短边、高级点控制低级点、高等点控制低等点。

(4)施工测量放样必须上报监理工程师进行复测无误后,方可进入下道工序施工,航道工程在正常情况下,基槽开挖(基础混凝土)放样、墙身放样、压顶放样必须上报监理工程师进行复测。

5.5 变形观测

(1)施工单位应对船闸工程闸室底板及墙身、闸首底板及边墩、航道结构物等部位需进行变形观测,对船闸基槽边坡、围堰应进行监测。

(2)在实施变形观测前,施工单位应编制详细的观测方案,观测方案应包括观测部位、基准点布设、观测方法、观测频率、精度要求、数据记录、内业分析、图表绘制、报告整理等内容。观测方案经监理工程师批准后方可实施。

(3)船闸结构物墙后回填土需在结构物沉降位移周期及峰值满足设计要求后进行施工。

第6章 防渗帷幕多头搅拌

6.1 工艺简述

搅拌桩是软基处理的一种有效方式,利用搅拌桩机将水泥喷入土体并充分搅拌,使水泥与土发生一系列物理化学反应,使软土硬结,从而提高基础强度。软土基础经处理后,加固效果显著,可很快投入使用。适用于处理淤泥、淤泥质土、泥炭土和粉土土质。

搅拌桩另一种形式,主要用于防渗帷幕的施工。基槽开挖过程中,为阻隔基槽外侧的地下水向基槽内渗透,通过搅拌机械设备的多头钻杆将水泥浆由上而下输送到地下土层中,将水泥浆和土体均匀搅拌,水泥浆与土混合后水泥土产生强度,形成桩体。连续施工且桩与桩之间部分重叠,从而形成地下连续墙体,以达到防渗目的。

水泥搅拌桩按材料喷射状态可分为湿法和干法两种。湿法以水泥浆为主,搅拌均匀,易于复搅,水泥土硬化时间较长;干法以水泥干粉为主,水泥土硬化时间较短,能提高桩间的强度,但搅拌均匀性欠佳,很难全程复搅。

本手册重点描述湿法、五钻杆搅拌机械施工防渗帷幕的施工工艺。采用5钻头施工,其中3个钻头喷浆,2个钻头喷气,钻杆下钻喷浆及提升喷浆的同时,喷出的高压气体使水泥浆与土充分搅拌均匀。该工艺单次成形幅度较宽。

防渗帷幕平面布置示意如图6-1所示。

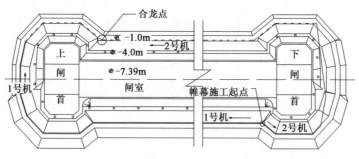

图6-1 防渗帷幕平面布置示意图

6.2 开工准备条件

(1) 基槽导浆沟已开挖并夯实,基槽顺直。
(2) 防渗帷幕所用主要材料水泥已经进场并检验合格。
(3) 压力设备及计算机记录设备已校验并符合规范要求。
(4) 对基底顶面高程及各特征点进行了测量放样复核。
(5) 搅拌机机架平面位置、垂直度已校验并符合规范要求。

6.3 工艺实施流程

防渗帷幕多头搅拌工艺实施流程如图6-2所示。

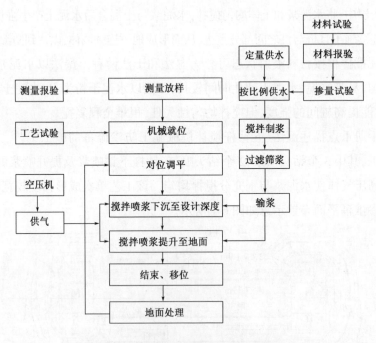

图6-2 防渗帷幕多头搅拌工艺实施流程图

6.4 工艺控制重点

(1)场地整平及机器就位

①根据测量放样搅拌桩设计平面位置对场地整平夯实,场地整平范围须大于机械设备行走宽度。

②整平地面高出设计桩顶高程30~50cm,确保施工后有效桩体长度及桩头成品质量。

(2)轴线控制

①沟槽设置。根据设计的防渗帷幕桩位置,沿设计轴线开挖横断面导浆沟(图6-3),用以搅拌桩施工过程中储存涌出孔的浆液,并起机器行走导向作用(图6-4)。

图6-3 导浆沟　　　　　　　图6-4 机器行进轴线控制

②控制桩位设置。施工中以每幅第一根钻杆中心进行定位控制,该桩位沿防渗墙轴线用钢尺量距测放,在桩位地面插标一根涂有红漆的竹签,标志点高出整平后地面10cm,同时在防渗墙轴线外侧1.5~2m地面处测放一排桩位作为校核桩,用作对桩机对位导杆点位的复查。该校核桩可防止机械行走偏离设计轴线(图6-5)。

(3)钻机就位

①桩孔位置放样完毕后,预先在多头搅拌桩机机架支腿行进的条状区域铺设钢板,钻机自行就位调平,使机身平台处于水平。

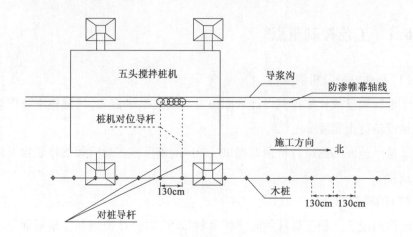

图 6-5 五头搅拌桩机施工平面示意图

②在机身侧面和正面悬挂锤球对中检查钻杆在施工中的垂直度(图 6-6),勤检查、勤调整,使钻杆中心、钻头中心、桩中心处在同一轴线上,确保钻头中心与桩中心偏差不大于 5cm。

图 6-6 锤球控制图

③施工过程中设两台经纬仪,从顺墙身和垂直墙身两个方向监测钻杆垂直度(图 6-7、图 6-8)。

④钻机调整完毕后,将钻头缓慢下降旋转,查验钻头是否对准桩位中心。

(4)水泥浆制备

①根据室内试验配合比进行现场配制水泥浆,水量采用时间继电器控制,充

分搅拌不低于2min,搅拌均匀后经过滤网导入水泥储浆池,确保供应优质的水泥浆,不堵塞输浆管和搅拌头上的喷浆孔。

图6-7　经纬仪纵向垂直度控制　　　　图6-8　经纬仪横向垂直度控制

②制浆原材料为水、P.O42.5普通硅酸盐水泥,水泥浆混合料中各原材料需经检验合格后方可使用。

③水泥浆制备后预先对管道进行试输送,将管道里残留的水挤压出管道,确保管道通畅后进行下道工序施工。

(5)钻进及提升搅拌喷浆

①防渗帷幕多头深层搅拌桩机共有5个钻头,其中第2、5钻头喷气,第1、3、4钻头喷浆。钻头功能示意如图6-9所示。

图6-9　钻头功能示意图

②主机启动后,开启供浆和供气按钮,检查供浆压力表和供气压力表,满足要求后缓慢下沉钻杆进行入土钻进搅拌。

③挖掘搅拌前,先调试好深度自动记录仪,以钻头接触地面时定为0深度,以确保深度记录仪与钻头深度的同步性和准确性。

④启动设备动力转盘,带动桩机钻头搅拌下钻,下钻前需确定钻头出浆,开始钻进时采用低速钻进,以保证孔位不产生偏差。钻头入土后匀速钻进同时开启喷浆泵送浆直至搅拌到设计深度。

⑤钻头下钻进入地层前需将5个钻头的喷气、喷浆功能启动,检验喷气及喷浆压力均匀后钻头转动进入地层。

⑥钻头到达设计底高程处匀速转动1min左右,并保持钻杆内持续喷浆。

⑦钻头钻进土层同时观测计算机数据,下钻速度和供浆压力保持均匀。

⑧钻头钻进土层过程中,经纬仪全程跟踪钻杆垂直度,及时调整钻杆垂直度。

⑨钻杆提升至地面约1m时需停止提升,原断面搅拌保持喷浆,确保桩头质量。

钻机作业示意图如图6-10所示。

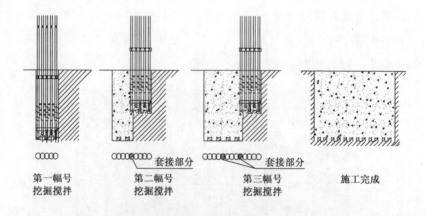

图6-10 钻机作业示意图

(6)成品检查及空隙修补

①成桩28d后,开挖深坑对桩体进行成桩检测,为沿墙体轴线布设开挖检查点,检查墙体的完整性、规则性、均匀致密性、桩体间连接质量和墙体厚度等技术指标。防渗帷幕成品检查如图6-11所示。

图6-11 防渗帷幕成品检查

②施工过程中如遇地质原因、地下障碍物导致桩体长度小于设计或轴线上缺桩、漏桩等现象,需采用水泥高压旋喷桩对墙体进行修补,确保防渗帷幕地下连续墙断面尺寸符合设计,墙体断面封闭完整。

第7章 基槽开挖

7.1 工艺简述

（1）基槽开挖一般分为横向挖掘法、纵向挖掘法、混合式挖掘法，船闸由于结构物高度较高，基槽一般采用混合式挖掘法，即多层横向全宽挖掘和通道纵向挖掘混合使用，先沿路线纵向挖通道，然后沿横向坡面挖掘，以增加开挖面。该法适用于路线纵向长度和挖深都很大的基槽开挖。

（2）船闸基槽开挖分段、分层、分块，随开挖深度增加，对两侧边坡进行修整防护，降水深度及排水沟配套工程随开挖进度同步施工。

（3）基槽采用干地开挖施工，渗透性好的土层可采用深层降水井辅以基槽降水后开挖施工，渗透性较差的土层可采用轻型井点分层真空降水分层开挖。

基槽开挖断面如图7-1所示。

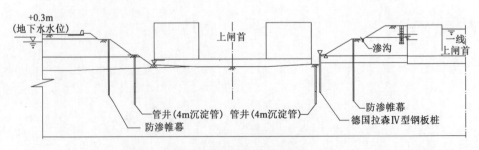

图7-1 基槽开挖断面示意图

7.2 开工准备条件

（1）机械设备已经进场并检验合格且设备数量满足开挖进度要求。

（2）基槽顶面排水沟已设置且符合要求。

（3）基槽四周降水井运转正常，井内水位已降至开挖层面以下50cm。

(4)土方车辆进出基槽施工便道、临时用电及现场环境等满足要求。
(5)边坡沉降位移观测点布置完善并已采集初始数据。
(6)基槽内土质松软且稳定性较差的土层已采取相关支护措施。
(7)地下水丰富时基槽四周防渗帷幕墙已施工,形成封闭圈。

7.3 工艺实施流程

基槽开挖工艺实施流程如图 7-2 所示。

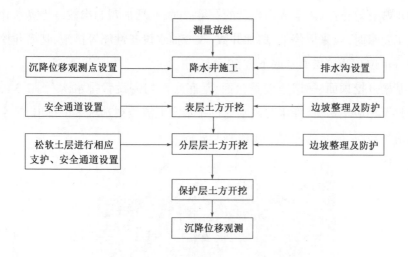

图 7-2 基槽开挖工艺实施流程图

7.4 工艺控制重点

(1)测量放样
①对船闸全线导线控制网及水准控制点进行复测。
②施工前对原地面高程进行复测校核,在基槽设计断面两侧放出船闸开挖轴线控制点、每级坡脚点、平台两侧边线、排水沟及安全通道特征点。
③严格控制开挖边线、坡脚线等误差,各特征线宜各放样 3 个点以保证线形,特征线校核准确后应在每级坡平台面上进行弹线标识。

④分层边坡平台顶面布设一定数量沉降观测钉,对基槽边坡高程原始数据采集,跟踪测量每级坡开挖后基槽和周围建筑物的沉降位移数据,如偏差超出规范,则及时纠偏调整工艺。

(2)基槽降排水

①船闸基槽开挖前需设置降水井,井位间距、数量、井底高程根据降水试验的各项参数而定,一般采用无砂透水涵管深井、针井,采用深井降水时要对基槽周围建筑物进行沉降位移观测。

②降水开始前5~10d内每天不少于2次观测井内水位和流量,确保降水系统运转正常有效;进入雨季或出现新的补给源时,应增加观测次数。当降水井不满足施工要求时,应采取停抽、增加井数、改变抽水设备性能等措施,基槽开挖过程中保持水位在开挖层面基底下方50cm。

③基槽开挖顶面、每层边坡平台面、基底底面均需设置排水沟(图7-3),基槽周边设置相应集水坑,降水井内水通过排水沟汇流至集水坑集中排出,排水沟需定期清理淤泥,防止沟内水溢出流到基底内。

图7-3 排水沟

④各施工层应随时保持一定的泄水横坡或纵向排水通道,做到施工层表面不积水。施工层含水率过大时,应采取局部措施降低其含水率。

⑤基槽开挖过程中降排水措施不力是基槽开挖工程通病,严重会造成边坡塌方、围护基槽失稳、基槽泡水、基底出现橡皮土、周边建筑物沉降位移等。基槽开挖前应做好抽水试验和降排水方案。

(3)沉降位移观测

①开挖前根据测量方案预先埋设在基槽四周设置沉降位移观测点,测量采集原始数据,沉降观测点位置设置警示标牌防止扰动。

②基槽开挖过程中应对基槽边坡、支护结构每天观测不少于2次,基槽开挖完成后每周观测1次。

(4)基槽开挖

①根据土质分层开挖,分类存放。优质土用于结构物墙后回填,淤泥质或腐殖土运至指定弃土区。

②开挖过程中如超挖,则适当调整坡度,严禁采用虚土贴坡。

③开挖过程中检查基槽开挖断面及边坡稳定性。开挖结束后对开挖尺寸、基底高程进行检查。如发生超挖,超挖部分应按设计要求或素混凝土填筑。

④开挖至基底底部时应预留0.3m厚的保护层土方,在下道工序准备工作完毕后,由小型机械配合人工突击挖除。

⑤保护层土方人工突击开挖后应及时验槽,检查基底土质是否与勘探资料一致,并做好验槽记录。

⑥纵向分层开挖时应注意纵向土层高度,减小未开挖段落纵断面深度,防止土层荷载过大对相邻已开挖至设计基底的段落造成挤压,从而形成反拱。

(5)边坡整理及防护

①基槽分层开挖坡面时需预留5cm表层土,采用挖掘机械对边坡表面松动土及坡度进行专项整坡,根据测量放样点进行刷坡修整,清理松散土,并及时转运(图7-4)。

图7-4 边坡修整

②边坡形成后应对边坡采取防护措施。宜采用不透水土工布覆盖,坡顶及坡脚沿基槽四周采用袋装土覆盖压实,坡面土工布连接处采用袋装土覆盖压实。土工布如有破损需及时修补或更换,防止雨水通过土工布损坏处渗漏至土工布下方,对坡面土方形成冲刷(图7-5)。

(6)安全防护

①基槽边坡需设置人行通道用于上下基槽,通道两侧安装防护栏杆并浇筑混凝土踏步(图7-6),基槽顶部设置安全监管巡视平台。

图7-5　边坡防护　　　　　　　　图7-6　人员上下通道

②基槽顶四周设置钢管防护栏,栏杆打入地面深度不少于50cm,栏杆距离基槽边缘不小于50cm,防护栏杆设置安全警示标牌。

第8章 封　　底

8.1　工艺简述

船闸主体封底分为闸首底板封底和闸室底板封底。常规封底结构形式为整板结构，在宽缝位置设置变形缝，并用镀锌铁皮作临时止水，防止基底工后不均匀沉降。本手册按照常规封底结构进行施工。

施工工艺：根据基底面放样控制点与结构边线，挖除保护层土方，预先安装宽缝处镀锌铁皮止水件及其木桩托架，根据放样线安装封底四周模板，打设高程控制桩后进行混凝土浇筑，先将施工宽缝处混凝土浇筑至基底面，然后浇筑封底整个断面至设计高程，浇筑后覆盖养护。

8.2　开工准备条件

（1）基槽降水已满足设计要求（一般要求降至基底高程50cm以下）。
（2）基槽四周及平台环形排水沟已设置且符合要求。
（3）基底土质与地勘报告相符并已通过勘探设计单位人员现场确认。
（4）混凝土生产和运输能力能够满足要求。
（5）基槽边坡防护及边坡位移量观测均符合要求。

8.3　工艺实施流程

封底工艺实施流程如图8-1所示。

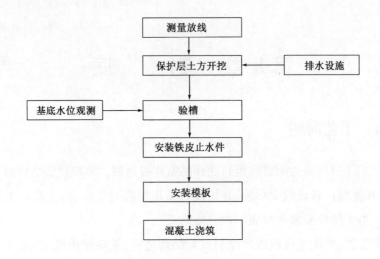

图 8-1 封底工艺实施流程图

8.4 工艺控制重点

8.4.1 测量放样

(1)对基槽平面位置、镀锌铁皮临时止水位置采用坐标定点和轴线拉线、钢尺尺量进行"双控"。

(2)对基槽底高程和预留保护厚度,可采用在开挖断面的地基上打设钢筋进行控制。

8.4.2 保护层土方开挖

(1)为保证地基基础不遭受扰动和破坏,应预留的30cm保护层土方。开挖保护层土方选用小型挖掘机,挖掘机斗齿处宜加装平板,挖掘机的行走应采取"退步法",避免造成保护层以下土层的扰动,同时人工配合进行基底整平及浮土清理工作(图8-2)。

(2)基底保护层土方开挖前,降水控制在基底50cm以下,开挖过程中人工辅助开设两侧排水沟,每20cm设置一个集水坑,配备足够的水泵。

(3)基底开挖完成后及时验槽,确认基底土质与地质勘察报告是否相符(图8-3)。

图8-2 保护层土方开挖

图8-3 基底验槽

8.4.3 镀锌铁皮止水件焊接及安装

(1)镀锌铁皮止水件采用定型模具制作,镀锌铁皮止水件采用双面焊接,搭接长度≥3cm,焊接完成后需采用柴油对焊接处进行渗漏检验。

(2)控制好镀锌铁皮止水件安装高程和平面位置,并固定牢靠(图8-4、图8-5)。

图8-4 止水模板安装

图8-5 止水件支撑设置

8.4.4 模板安装

模板安装如图8-6所示。模板内尺寸宽度沿基底两侧比设计增加30cm,模板须顺直,底端平整与基底贴合。

图8-6　模板安装

8.4.5　混凝土浇筑

封底混凝土浇筑由下至上分层浇筑,先宽缝处,再浇筑整个平面(图8-7)。

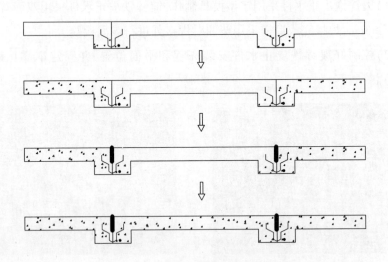

图8-7　混凝土浇筑顺序示意图

第9章 底板工程

9.1 工艺简述

（1）底板结构形式：底板一般分为整体式和分离式两种。整体式底板分为整体浇筑和分块浇筑。船闸底板间隔施工，相邻间底板遵循先低后高的施工原则。

（2）本手册主要针对整体式底板的施工工艺。横向尺度较大的整体坞式闸首、闸室的底板采用一模到顶、一次浇筑成型工艺，通过预留施工宽缝将底板分成左、中、右三块浇筑，沉降变形稳定后，封铰形成整体。

整体式底板分块施工示意图如图9-1所示。

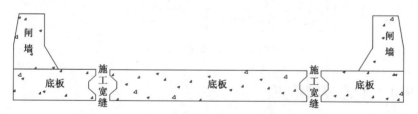

图9-1 整体式底板分块施工示意图

9.2 开工准备条件

（1）基槽降、排水已满足设计要求（一般要求地下水降至基槽底面50cm以下）。

（2）基槽边坡防护及边坡位移量观测均符合设计要求。

（3）基槽已通过联合验收并完成封底，或地基处理已完成并通过检验。

（4）封底混凝土的强度达到5MPa以上。

（5）拌和、浇筑设备须根据浇筑时间、拌和能力、运输时间等因素综合计算其数量，并准备好备用设备，以便应急使用。

9.3 工艺实施流程

底板工艺实施流程如图 9-2 所示。

图 9-2 底板工艺实施流程图

9.4 工艺控制重点

9.4.1 测量放样

（1）利用已复测后的导线控制点和水准点，在底板上测放底板边线和中心线，并做好醒目标记，确保放样基准点准确。

（2）面层钢筋绑扎前，对支撑钢筋高程进行控制，确保混凝土浇筑高程和钢筋保护层厚度。在面层钢筋横竖向间距 2m 位置布置醒目的高程控制点，确保浇筑高程。

（3）模板安装好后，对模板平面位置、几何尺寸进行检查。

（4）浇筑前对封底混凝土高程原始数据采集，并据此对底板高程进行放样，预留设计沉降量。根据设计图纸布设沉降观测钉,在底板浇筑完成后开始沉降观测,按照观测频率进行观测,同时做好观测记录。

9.4.2 钢筋制作安装

(1)钢筋进场前须有出厂质量证明书和试验报告单,进场后按规范抽取试样做力学性能试验,合格后投入使用。

(2)底板较大直径的主筋(直径25mm以上)宜采用直螺纹套筒连接,钢筋下料后须对钢筋端部切割平整,钢筋连接丝头加工完成后应立即对其进行保护(图9-3)。钢筋丝头应进行检验。套筒连接钢筋接头应采用扭力扳手检查连接紧固性,并观察、尺量钢筋入筒长度与对称性。

a)在加工厂进行钢筋加工　　　　　　b)对丝头用橡胶套保护

图9-3 钢筋加工与保护

(3)其余钢筋焊接可采用闪光对焊、单(双)面帮条焊、单(双)面搭接焊、电渣压力焊、气压焊、搭接等形式。其中电渣压力焊一般仅用于竖向钢筋连接。

(4)钢筋骨架保护层垫块一般采用高强度混凝土垫块,垫块强度须高于主体结构混凝土强度一个等级,绑扎牢固。垫块应集中生产,采用压制工艺,并抽样检验强度。顶底面钢筋支撑(槽钢)底端采用圆饼形垫块(图9-4)。侧面钢筋保护层垫块应呈梅花状布设,垫块数量一般不少于4个/m²,钢筋直径较小时适当加密。

图9-4　槽钢底端圆饼形垫块

(5)顶面钢筋安装前应先布置槽钢支撑及宽缝型钢桁架支撑(图9-5),槽钢及型钢桁架刚度须满足受力要求。支撑纵横向间距不宜大于2m,按单个底板均匀分布安装支撑。在单个支撑纵横向需设置钢筋斜撑并焊接牢固。

图9-5　槽钢支撑与宽缝型钢桁架支撑

(6)面层钢筋绑扎后,顶面不得集中堆载施工材料、机具,顶面钢筋不得随意切断。

(7)面层钢筋安装完成后应测量放出墙身前沿线、墙身倒角、边墩廊道等控制点,然后安装上部预埋钢筋,预埋钢筋的位置与角度应严格控制偏差。预埋钢筋暴露时间较长的,底板施工完成后需对预埋钢筋进行阻锈保护处理。

9.4.3 模板制作安装

(1)宽缝模板采用定型桁架支撑(图9-6)。

图9-6 宽缝模板

(2)模板内侧拉条与模板接触处应设置圆台螺母并固定,防止浇筑过程中拉条孔处漏浆,模板外侧面可采用发泡剂对拉条螺栓孔进行封堵。

(3)浇筑前,记录模板各项检查参数,随混凝土分层浇筑进度逐层检查模板变形数据,以便及时纠偏。

(4)严格控制模板使用周转次数(竹胶板一般不超过3次)。

圆台螺母固定、模板拼缝及固定如图9-7所示。

a)圆台螺母固定　　　b)竹胶模板拼缝　　　c)竹胶模板固定

图9-7 圆台螺母固定、模板拼缝及固定

9.4.4 止水铜片制作及底板止水安装

(1)在相邻的两块底板伸缩缝处水平方向需设置水平止水。水平止水一般采用紫铜片加工而成。底板与闸室墙连接处,水平止水与设置在闸室身的垂直止水相交。

(2)止水铜片由专业厂家加工制作。

(3)止水铜片安装时应注意U形槽下端与模板贴合齐平,U形槽中心线与模板中心线垂直,铜片两侧翼板需水平伸入两侧相邻底板内。

(4)水平止水分段处须焊接连接,水平止水与垂直止水相交处的止水紫铜片也须焊接(图9-8)。

a)水平止水铜片焊接　　　　　　b)水平止水与垂直止水铜片焊接

图9-8　止水铜片焊接

9.4.5 混凝土浇筑

(1)底板混凝土宜先浇筑两侧边底板,后浇筑中底板,两侧底板同步对称分层浇筑。

(2)布料点应呈梅花状设置,混凝土自由下落高度超过2m时,布料点处应悬挂串筒(图9-9)。浇筑过程中应严格控制混凝土浇筑厚度,泵管在布料点间移动时,宜采用编织袋包裹泵管口等方法,以防止混凝土抛洒滴漏[图9-10b)]。浇筑过程中需及时清理模板,防止溅浆造成混凝土外观缺陷。

a) 布料点　　　　　　　　　　　b) 串筒卸料

图9-9　布料点及串筒

a) 标识分层刻度线　　　　　　　b) 防止混凝土抛洒

图9-10　分层刻度线及防止混凝土抛洒

（3）混凝土浇筑前须按要求安装测温元件，混凝土浇筑完成后对混凝土温度实施监控。特殊季节，混凝土的拌和须对拌和用水采用加热和降温的措施，以保证混凝土的出仓和入模温度。

（4）浇筑面层前，在面层钢筋上铺设与钢筋保护层厚度相同的方钢或钢管作为混凝土刮平导轨，以保证面层高程、平整度与钢筋保护层厚度符合要求（图9-11）。

（5）面层混凝土浇筑时，如有浮浆（砂浆层）需刮除。面层浇筑结束后，在混凝土终凝前用磨光机或人工收光（图9-12）。

图 9-11　面层钢筋设置导轨　　　　　图 9-12　磨光机对表面收光

（6）宽缝封铰时,须对两侧混凝土切边修整、表面凿毛。宽缝浇筑须满足设计封铰条件。降水条件同底板施工条件。

9.4.6　混凝土养护

（1）顶面:夏季可以采取覆盖蓄水养护,冬季采用养护液加覆盖保温养护。
（2）侧面:夏季、冬季均可采用养护液加泡沫板保温的养护方法。
（3）宽缝处:采用养护液与两端封堵相结合的养护方法。

第10章 闸室墙

10.1 工艺简述

(1)闸室墙结构形式:根据整体受力形式,闸室墙一般分为坞工结构(墙体与底板整体)和分离式;根据输水形式,闸室墙分为下部带输水廊道闸室墙(长廊道)和普通闸室墙。本手册所述闸室墙为坞工结构形式,墙体与底板处设置倒角。

闸室墙结构断面如图10-1所示。

图10-1 闸室墙结构断面图

(2)施工工艺:中低水头船闸闸室墙一般采用移动龙门整体模板一次到顶工艺,高大闸室墙多采用翻模分层浇筑工艺。闸室墙一般分成下部倒角(或闸室廊道)、上部闸室墙两次浇筑。闸室墙倒角与底板或闸室墙上下节也可同期浇筑,但应在模板、浇筑工艺、混凝土凝结时间上采取可靠措施,保证倒角的外观线形。混凝土多采用泵送工艺浇筑,也可采用低坍落度混凝土吊罐、皮带输送机入仓等工艺。泵送工艺工效高、浇筑速度快,低坍落度混凝土对防裂有益。倒角及墙体均采用钢质模板。

本书主要描述移动龙门整体模板加泵送浇筑工艺。

10.2 开工条件准备

(1)底板已浇筑完成,具备上部施工龄期条件。
(2)闸室墙整体钢模板应有专项设计方案并通过监理工程师审批。
(3)人员、材料、设备等均组织到位。浇筑设备另备一台,供应急使用。

10.3 工艺实施流程

闸室墙施工工艺流程如图 10-2 所示。

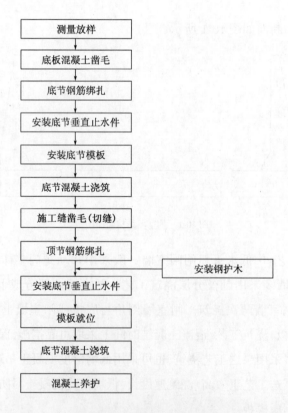

图 10-2　闸室墙施工工艺流程图

10.4 工艺控制重点

10.4.1 测量放样

(1) 采用全站仪测放坐标＋底板轴线尺寸,进行"双控",控制迎水面侧模板底边线。模板拼装前,检查闸室净宽。

(2) 模板拼装完成后,采用全站仪测放坐标控制顶口的平面位置,采用吊锤检查模板垂直度。根据《水运工程质量检验标准》(JTS 257—2008)表10.5.7.1中,墙体临水面倾斜不允许前倾,而后倾应满足"$H/1000$(H为墙体高度)且不大于15mm"的要求,模板一般预留后倾值。

(3) 混凝土浇筑完成后,在闸室墙上设置变形观测钉,做好沉降位移观测,按照观测频率做好观测记录,并绘制图表进行分析,在沉降速率较大时,增加观测次数。特别是在底板封铰前,按照封铰观测条件观测底板沉降,充水前应从底板转换到墙顶继续观测。

10.4.2 钢筋绑扎

(1) 闸室墙竖向钢筋宜采用电渣压力焊焊接、直螺纹套筒等连接工艺。

(2) 闸室墙下部倒角预埋筋应在底板浇筑前准确定位、绑扎(电焊)牢固(图10-3)。

(3) 闸室墙钢筋较高时应搭设辅助支架,闸室墙迎水面钢筋网与临土面钢筋网应采用足够大直径的钢筋进行水平、斜向支撑,以提高闸室墙身钢筋整体刚度,保证钢筋骨架自稳。

(4) 钢筋保护层垫块数量一般不少于4个$/m^2$,重点部位加密放置(图10-4)。

10.4.3 闸室墙模板

(1) 闸室墙底节倒角模板一般采用整体定型钢模加贴透水土工布工艺。透水土工布毛面与钢模黏结,光面与混凝土密贴。透水土工布应每边预留5cm,折向模板边棱,以保证透水土工布完全覆盖模板,防止混凝土渗入透水土工布和模板之间,并可以在模板拼缝处通过透水土工布进行排水、排气。

图10-3 闸室墙倒角钢筋绑扎

图10-4 钢筋保护层垫块安装

透水土工布施工原理如图10-5所示。

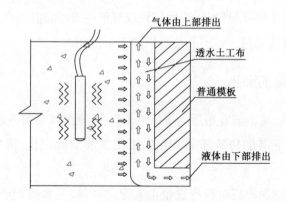

图10-5 透水土工布原理图

(2)由于混凝土浇筑过程中倒角模板处将产生较大上浮力,在底板上预埋一定数量的压脚锚固螺栓。模板验收如图10-6所示。

(3)闸室墙模板一般采用移动龙门架整体钢模结构(图10-7)。移动龙门架可采用贝雷拼装而成,也可采用定型龙门架。贝雷拼装的龙门架由贝雷桁架、平车和轨道组成,用卷扬机牵引前行。

a) 前沿线验收　　　　b) 垂直度验收　　　　c) 后倾值验收

图 10-6　模板验收

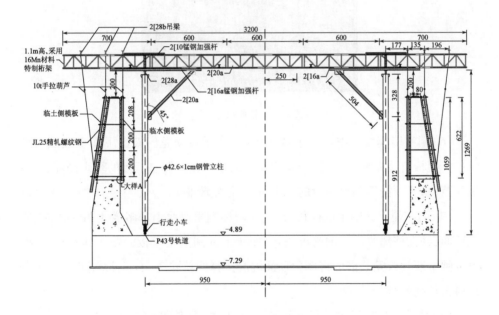

图 10-7　移动龙门架(尺寸单位:cm;高程单位:m)

(4)闸室墙大面钢模面板采用 5mm 以上的酸洗板,面板在钢护木的位置断开。

(5)闸室墙模板采用精轧螺纹钢筋对拉,为便于处理钢筋拉条孔洞与止浆,宜在拉条两点设置圆台螺母。由于模板整体尺度与重量较大,安装时仅对精轧螺纹钢筋拉条螺栓进行调整,难以将大面模板调整到位,因此,在龙门架上安装横向支撑、螺旋顶托及花兰螺丝,用来调整大面模板。在模板的上端安装吊耳,用手拉葫芦和称重计将模板悬挂在移动龙门的横梁上(图10-8)。

图10-8　模板称重系统

(6)闸室墙模板采用汽车吊现场组拼,依靠移动龙门架由下而上逐层安装就位。模板拼装完成后,用移动龙门架上的手拉葫芦调整模板的垂直高度,用手拉葫芦、水平顶托等调整模板的水平位置,固定模板。

(7)为方便上部闸室墙模板安装,一般在倒角斜面上部多浇筑30cm左右直立墙面,并在该部位设置钢筋拉条孔,便于上部闸室墙模板的贴靠和对拉固定。上部闸室墙模板安装前应将倒角顶面混凝土弹线切除3~5cm,以使墙身上下部混凝土接缝顺直。

(8)移动龙门架每次进行模板移动前,必须派专职安全员和技术员对移动龙门架进行安全检查,包括移动龙门架及平车、牵引设备、模板吊点、起吊模板的钢丝绳和手拉葫芦,以及模板离开混凝土表面是否符合要求。

(9)为保证口门净宽,闸室墙不允许前倾,模板应预留后倾量,预留量一般采用规范允许后倾值。

(10)考虑底板的预留沉降,闸室墙模板顶高程应为已浇底板顶面高程加闸室墙净高。

10.4.4 垂直止水铜片安装

(1)伸缩缝止水铜片沥青槽砌筑不宜过高,砌筑中掉落在槽内的砂浆、石子、木块等杂物应清除干净后浇灌沥青。沥青加热温度要使其在槽内自然流动填实。

(2)闸室墙身垂直止水件与底板水平止水件衔接处 T 形或 L 形止水铜片,宜将搭接铜片预留一定间隙灌注沥青,以防止铜片不平整或紧贴造成沥青灌注不实,铜片间形成空隙,造成伸缩缝处渗水。

10.4.5 钢板护面安装

1)胎架制作安装

(1)胎架可采用钢管或槽钢进行搭设,根据钢板面积布置好钢管的纵横向间距。在钢管顶部放置钢板(图 10-9),防止钢管顶部壁口发生变形,影响钢板护面平整度。同时控制好钢板高程。

图 10-9 钢护面拼装胎架

(2)为保证胎架整体稳定性,可在钢管底部纵横向焊接槽钢进行加固。

2)钢护面框架制作

钢护面框架的围檩可选用槽钢作为竖围檩,纵横向围檩焊接固定。制作完成后,铺设在胎架上(图 10-10)。

3)钢护面半成品制作

(1)钢护面采用 Q235 中板,分块制作标准高度为 10cm 钢包角 + 180cm 面板+220cm面板+220cm面板，厂内加工时钢包角与180cm面板预先焊接，预留2道横向焊缝为现场完成。

图10-10　槽钢围檩框架

（2）厂内加工钢护面时背水面焊接-8mm×50mm扁钢作为加劲板，以提高钢板护面的整体刚度，扁钢分布间距为60cm（图10-11）。焊缝处钢板为迎水面单面坡口，坡口深度5mm，坡口宽度1mm。

图10-11　扁钢肋板焊接

4）钢护面焊接

（1）焊接前在板面用槽钢加固，确保加固到位后，开始焊接。

（2）钢护板平铺在围檩框架上，坡口对接，采用分段退焊法进行CO_2气体保护焊焊接（图10-12）。采用靠尺和塞尺检验钢板平整度（控制在2mm以内）（图10-13）。

第10章 闸室墙

a) 接缝坡口打磨　　　　b) 分段退焊　　　　c) 焊缝打磨

图 10-12　钢护面焊接

图 10-13　平整度检测

5) 起吊安装

(1) 采用 50t 汽车吊对钢板护面整体吊装,4 点平行起吊钢板护面(图 10-14)。

图 10-14　钢板护面吊装

(2)吊装移动安放于牛腿上临时固定(图10-15)。

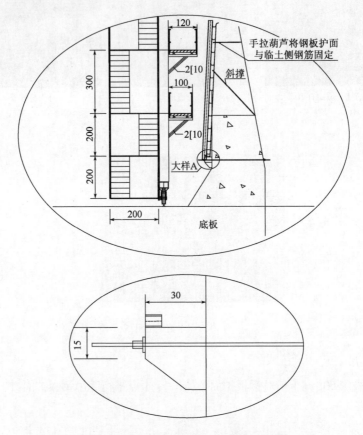

图10-15 钢护面安装临时固定施工示意图(尺寸单位:cm)

(3)移动龙门架就位,采用手拉葫芦吊起进行拼装。

10.4.6 闸室墙身混凝土浇筑

(1)根据气温变化,采用合适的外加剂,确保混凝土室外初凝时间为6~8h、终凝时间为8~10h,确保上层浇筑时下层处于初凝状态。

(2)闸室墙浇筑采用两侧对称,同时水平分层浇筑,一次到顶。模板顶口在龙门架下挂水平分料滑槽,布料分层均匀浇筑上升,每层控制在30cm以内。

(3)浇筑过程中移动泵管时应采用编织袋包裹泵管防止抛洒滴漏,并及时清理模板溅浆,防止拆模后混凝土表面有麻点影响外观。

(4)在闸室墙混凝土浇筑过程中,全过程观测闸室墙迎水面边线的位移情况,另外悬挂锤球检测浇筑过程的变形,发现问题及时调整。

(5)闸室墙预埋件规格、品种较多,浇筑过程中注意埋件的保护,尤其是止水,防止触碰及振捣挤压变形。

(6)混凝土浇筑过程中如有泌水,应及时吸干,避免泌水沿模板下渗产生砂线。

10.4.7 混凝土养护

(1)闸室墙身混凝土浇筑完成,拆模后应立即养护。夏季在闸室墙顶部布设喷淋管、墙面覆盖悬挂土工布,持续喷淋保湿养护。

(2)保湿养护持续时间不得少于14d。

(3)冬季浇筑的应采取可靠的保温措施。倒角可在拆模后采用土工布、毛毯多层覆盖等形式保温。墙体可在钢模背面敷贴保温材料,适当延长移模时间,移模后墙面可采用喷涂养护剂再敷贴塑料薄膜加挂土工布等方式进行保温养护。

(4)专人负责养护保温工作,同时做好养护记录。

第 11 章 输水廊道

11.1 工艺简述

(1)输水廊道结构形式:闸首边墩下部设置输水廊道和闸室全分散输水廊道。本手册所述闸首边墩两侧各一个输水廊道体系,廊道与门库相接,左右两幅贯通。输水廊道结构断面如图 11-1 所示。

图 11-1 输水廊道结构断面图

(2)施工工艺:闸首输水廊道一般采用支架法,利用钢模板一次性立模,整体两侧对称浇筑。根据底板面放样结构点与廊道结构边线,预先在廊道外墙及廊道内侧搭设脚手支架及施工平台,同时进行圆形空箱及廊道内外墙的钢筋绑扎,安装内外墙模板及铺设廊道顶板底模板,模板验收后进行廊道顶板钢筋及空箱层的钢筋绑扎及预埋,验收符合规范后浇筑混凝土。混凝土施工可采用汽车泵、拖泵等入仓工艺。泵送工艺工效高、浇筑速度快。本手册主要描述支架法+建筑钢模板+泵送浇筑工艺。

11.2 开工条件准备

(1)底板已浇筑完成具备上部施工龄期条件。
(2)闸首模板及支撑应有专项设计方案并通过监理工程师审批。
(3)人员、材料、设备等均组织到位。浇筑设备另备一台,以供应急使用。

11.3　工艺实施流程

输水廊道施工工艺流程如图 11-2 所示。

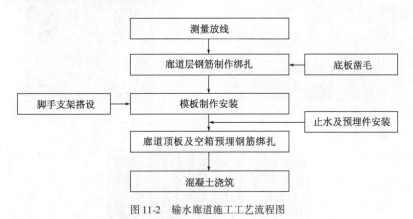

图 11-2　输水廊道施工工艺流程图

11.4　工艺控制重点

11.4.1　测量放样

（1）施工前对底板面高程进行复测校核,在底板上放出船闸主体中心轴线特征点、廊道进出水口倒角角点、羊角、填砂空箱结构等特征点位。

（2）严格控制廊道进出水口口门迎水面前沿线、羊角结构线、廊道内墙倒角边线等误差,各特征线宜各放样 3 个点,以保证线形质量。

11.4.2　廊道内外墙钢筋绑扎

（1）根据测量放样倒角底面轴线点,采用三角板定位倒角顶点并逐件标识,对倒角局部不规整钢筋及时调整,调整后采用水平靠尺对倒角钢筋校验（图 11-3、图 11-4）。符合要求后绑扎水平钢筋。

（2）外墙钢筋绑扎前预先对竖向预埋钢筋进行整理,上下设置 2～4 根水平钢筋与竖向钢筋作临时支撑,在竖向钢筋上做好水平钢筋间距标识后进行绑扎（图 11-5）。

图 11-3 倒角顶点钢筋定位校验

图 11-4 倒角钢筋斜面校验

图 11-5 水平钢筋间距标识

(3)廊道弧形段为渐变尺寸混凝土,易产生混凝土裂缝,可在钢筋模板安装前增设钢筋网片,减少混凝土裂缝的产生,防治质量通病,提高工程质量。

11.4.3 廊道内墙钢模板安装

(1)廊道内墙采用定型钢模板,并按类别进行编号。

(2)模板安装前打设限位钢筋,安装后用锤球校验模板轴线位置,采用双拼钢管围檩固定。

(3)迎水面处钢模板安装需测量跟踪放样复核,迎水面前沿线用锤球线拉设通长校验,左右幅廊道点位放样后采用钢尺检验口门净宽及轴线偏位。

(4)廊道内墙模板需控制倒角轴线(图11-6),竖向模板垂直度,确保廊道内墙净宽(图11-7)。

图11-6 模板轴线位置校验

图11-7 模板安装图

11.4.4 廊道外墙及门库内模板安装

(1)廊道外墙可采用优质胶合板拼装,全断面横向、竖向拼缝必须水平、垂直。竖围檩可采用木方,横围檩可采用双拼钢管,钢筋拉条螺栓对拉固定(图11-8)。施工过程中上、中、下各拉一条通长水平线,每隔5m用锤球对模板垂直度及轴线进行检验。

图11-8 廊道外墙模板施工图

(2)拼缝处采用长方体木料骑缝放置,以防模板接缝处错缝。拼缝两侧模板边均与长方体木料固定,相邻竖向拼接处须在模板边缘打设坡口,以保证直角处模板拼缝严密。

(3)如圆弧段为木模板,直线段采用钢模板,模板承受荷载能力不均等时易产生错台,圆弧段与直线段竖向围檩可增加型钢搭接过渡。

(4)模板支撑与脚手架应互相独立。

11.4.5 廊道顶板支撑脚手架搭设

(1)采用建筑钢管搭设支架,钢管扣件连接,施工中逐个检查是否紧固。

(2)每根钢管下方铺设10cm×10cm钢质垫片,施工过程中跟踪测量支架立杆顶高程,高于设计高程的部分采用砂轮切割。

(3)钢模衔接处可增加立杆支撑,根据现场合理布设。整体支架安装完成后打设剪刀撑,确保安全牢固(图11-9、图11-10)。

图11-9 脚手支架搭设俯视图　　　　图11-10 钢模板与木模板衔接处支架加固

11.4.6 廊道顶板底模安装

(1)廊道顶板底模中可采用胶合板(图11-11),在廊道内脚手架顶面铺设木方,防止浇筑中受不均匀荷载产生变形。

(2)廊道顶板底模与廊道竖向钢模拼接处可采用金属腻子或玻璃胶修平、顺接。

(3)模板拼装完成后,模板表面覆盖塑料薄膜,防止廊道顶板钢筋锈迹或油渍对模板造成污染影响混凝土外观。

(4)局部圆弧及多边形区可单独下料拼装,底模拼装需减少拼缝数量,拼装过程中需用水平尺对平整度检测。

图 11-11　廊道顶板底模俯视图

11.4.7　混凝土浇筑

（1）混凝土浇筑前需在底板面铺设 2cm 砂浆，进行人工平仓，混凝土须分层浇筑，每层控制在 30cm 以内。

（2）廊道墙体狭窄，钢筋螺栓拉条密集，泵车浇筑卸料需避让拉条，以防止混凝土冲击力对模板稳定性造成影响。

（3）布料须均匀，料管勤移动，不得集中某一处长时间卸料，或采用振捣器平仓。

第12章 闸首边墩空箱层

12.1 工艺简述

闸首边墩由空箱、阀门井、启闭机房等结构组成,空箱层位于廊道上方,采用中隔板进行分隔。闸首边墩空箱结构形式如图12-1所示。

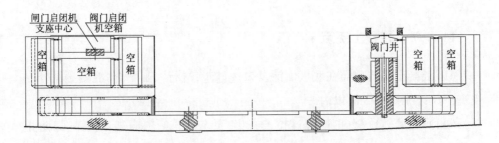

图12-1 闸首边墩空箱结构形式

闸首边墩空箱采用模板安装一次浇筑到顶的施工方法。施工前,先搭设钢管脚手架施工平台,再进行钢筋绑扎和模板安装;闸首边墩混凝土量大,浇筑时间长,为确保混凝土浇筑连续,布料均匀,避免产生冷缝和分层,混凝土宜采用泵送入仓工艺。

12.2 开工准备条件

(1)廊道层混凝土强度具备施工龄期条件。

(2)脚手支架安装已通过专项验收。

(3)人员、材料、设备等均组织到位。浇筑设备另备一台,以供应急使用。

12.3　工艺实施流程

闸首边墩空箱层施工工艺流程如图12-2所示。

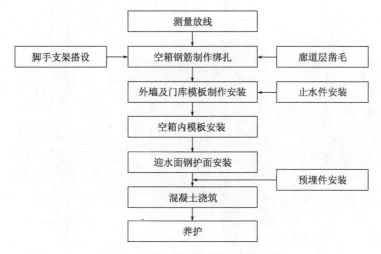

图12-2　闸首边墩空箱层施工工艺流程图

12.4　工艺控制重点

12.4.1　测量放样

施工前对廊道面高程进行复测校核,在廊道顶面上测放各空箱结构边线、阀门井、启闭机空箱、电缆沟等特征点位。严格控制边墩迎水面前沿线、阀门井结构线、各空箱倒角边线等误差,各特征线宜各放样3个点,以保证线形质量。对房建基础平面位置及液压启闭机械混凝土基座位置精确放样,预埋钢筋和木盒。

12.4.2　脚手支架搭设

环绕边墩搭设施工脚手架,门库及结构物空箱内搭设满堂支架。脚手架搭设平面布置如图12-3所示。

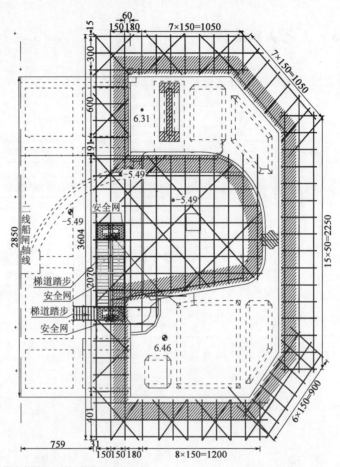

说明：1.图中高程以m计，其余尺寸以cm计。
2.立杆间距基本为150cm，在门库梯形区域立杆间距稍作调整。横杆步距150cm。
3.其余构造均按规范。
4.上人梯道构造见"上人梯道图"。

图12-3 边墩脚手架搭设平面布置示意图

钢管支架应编制搭设、拆除专项方案，钢管、扣件等相关材料的技术参数和布置形式应满足设计方案和规范要求。脚手架应具有安全的人员上下通道和作业平台，平台处垫板必须铺放平整，不得悬空，并按要求设置踢脚挡板。搭设完成后应拉好充足的缆风绳增加脚手架稳定性，安装和配备冗余的安全防护措施和安全警示标志。

支架搭设应符合国家行业标准《建筑施工扣件式钢管脚手架安全技术规

范》(JGJ 130—2011)的相关要求。脚手架搭设完毕,须按规定对脚手架工程搭设情况进行检查,检查合格后方可交付使用。

12.4.3 钢筋绑扎

钢筋绑扎前先对预埋钢筋进行调整(廊道浇筑时钢筋受碰撞有弯曲),空箱层钢筋、边墩外墙及门库钢筋绑扎工艺与廊道绑扎相同。墙体钢筋为双向受力钢筋,所有交叉点均予以逐点绑扎,竖筋搭接范围内水平筋不少于3道。严格按照图纸设计尺寸下料,控制钢筋搭接长度,钢筋与预埋筋交叉位置断开部分需采用U形筋双面焊搭接。由于空箱层钢筋骨架较高,墙体钢筋须架立支撑钢筋,如图12-4所示。

图12-4 边墩空箱层钢筋绑扎安装示例图

12.4.4 外墙模板及空箱模板安装

边墩外墙及门库侧宜采用优质胶合板或竹胶板进行拼装,全断面横竖向拼缝需水平垂直,拼缝处采用单独木方做骑缝处理,拼缝两侧模板边均与单独木方固定。

外墙模板竖向围檩采用木方,横向围檩采用双拼 $\phi 4.8cm$ 建筑钢管,外墙模板与廊道内墙模板采用对拉拉条固定。施工中,上中下各拉一条通长水平线,每隔5m采用吊锤对模板垂直度及轴线进行检验。

门库内弧形段模板采用钢筋围檩,直线段采用钢管围檩,两段模板由于围檩结构形式不同,产生的变形量也不同,在混凝土侧压力作用下,易形成错台,宜在两种模板结构衔接处增设槽钢围檩,将两段模板搭接平顺过渡。

空箱模板采用多层板拼装,根据断面尺寸控制点搭设钢管支架,模板与木方在后场组合拼装,模板拼缝采用双面胶带嵌缝,避免模板拼缝过大。拼装完成后整体吊装固定,采用铅锤跟踪校验模板垂直度,安装时重点注意空箱间隔层间距。空箱模板顶面均需预留人行孔洞。空箱模板安装如图 12-5 所示。

图 12-5 空箱模板安装图

顶枢、推拉杆孔、启闭机支座、牛腿、阀门井等二期混凝土的模板,应根据放样控制点安装,模板安装断面尺寸可比设计尺寸稍大一些,安装完成后采用钢尺测量校验预埋位置、断面尺寸及纵横向轴线的位置。

12.4.5 钢板护面安装

临水面护面钢板在厂内分段加工,现场对成品平整度、断面尺寸验收后焊接吊装。护面钢板迎水面满焊,护面钢板应上下层拼装,迎水面满焊,背水面分段焊接防止吊装过程中坡口撕裂或大面变形。

钢板护面安装宜设后倾值(约为1cm),钢板护面安装就位后将围檩固定连成整体,然后进行钢板拼装焊缝的补焊和锚固钢筋安装。钢板护面安装如图 12-6 所示。

图12-6 钢板护面安装图

12.4.6 预埋件安装

闸首边墩主要有护栏钢板、护栏角钢、检修平台爬梯钢筋、扑门、透气孔、排水孔、启闭机房爬梯钢板、油管槽盒、电缆桥架等构件的预埋件。预埋件安装前需对边墩结构点位尺寸及模板高程进行复核,检验无误差后方可根据设计图纸安装各构件预埋件。附属构件预埋件安装如图12-7所示。

图12-7 附属构件预埋件安装图

12.4.7 混凝土浇筑

混凝土浇筑前,用水冲洗凿毛处理的混凝土接合面,并充分润湿,低洼地方用海绵吸干,并按施工规范的要求对施工缝进行处理。浇筑方向由一端向另一端往返推移浇筑,并保证在2h以内覆盖一次。

由于边墩空箱高度较高,混凝土浇筑时应设置串筒,防止混凝土离析,串筒布置间距为3~5m;空箱结构层复杂且操作空间较小,钢筋螺栓拉条纵横交错,操作过程中应注意避让,以防冲击钢筋螺栓拉条,对模板稳定造成影响。

混凝土浇筑应水平分层,厚度不大于50cm,仓内混凝土应对称、均匀上升,防止模板偏移。由于混凝土浇筑面大,布料点多,单层布料时间较长,因此仓面布料点布料至一半时(一般不超过2h),需对前期浇筑的混凝土进行复振,防止出现施工冷缝。

混凝土浇筑过程中应设置专人跟踪监测模板垂直度及钢筋螺栓拉条紧固情况,发现问题及时处置。对钢板护面垂直度和紧固情况应进行重点跟踪检查,严禁出现钢板护面前倾情况。

12.4.8 混凝土成品养护

由于闸首边墩结构复杂,模板架立、拆除时间长,建议编制专项养护方案。夏季采用喷淋保湿养护工艺,冬季采用土工覆盖等保湿保温养护。有条件的采用工厂式养护方式。

第 13 章　墙后附属工程

13.1　工艺简述

船闸闸室墙及沿线护岸墙墙后为分层回填土，墙体内横向排水管与墙后沿航道方向的软式排水管相接，纵横向排水接头采用碎石土工布形成倒滤层。

现场具备施工条件后，运输车将验收合格的土料运至现场堆放，挖掘机沿航道方向将土松铺至墙后，每层松铺厚度依据墙后分层标识线控制；推土机沿航道方向进行平整，压路机依据方案要求进行初压、复压、终压。每层压实后经现场试验检测合格后方可进行下一层土施工。

待该层回填土压实后，采用小型挖掘机辅以人工开挖墙后倒滤层滤管基槽，安装排水管铺筑碎石垫层。

13.2　开工准备条件

（1）结构物验收合格，混凝土强度达到设计强度的75%以上，结构物沉降位移观测稳定。

（2）拉杆孔密封严实，防水措施满足要求。

（3）基底上草皮、杂物、树根清除干净，积水及时排除。基槽四周设置拦水槽，防止地面水流入回填区域。墙后回填土防积水措施如图13-1所示。

（4）做好水平高程的测量，在结构物墙后每30cm高用红漆划一道红线，并标明每层填土的序号，以控制回填厚度。

（5）回填土所用原材料已进场并检验合格，回填土各项试验指标已确定。

（6）施工机械设备就位，配置、数量、性能满足要求。

（7）相应的监测点布置及相关原始数据的收集和整理。

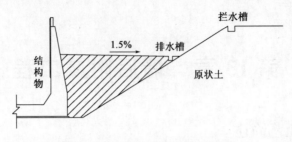

图 13-1 墙后回填土防积水措施示意图

13.3 工艺实施流程

墙后工程施工工艺流程如图 13-2 所示。

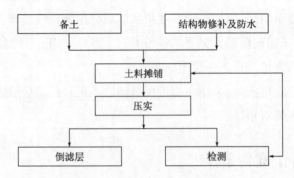

图 13-2 墙后工程施工工艺流程图

13.4 工艺控制重点

13.4.1 结构物修补及防水

墙体施工拉条螺栓切割,拉条孔内 PVC 管剔除干净,将橡胶塞塞入孔内 15~20cm,再用砂浆将孔内剩余部分填充密实,拉条螺栓孔水泥修面后粘贴 10cm×10cm 尺寸的 SBS 防水卷材。

墙后伸缩缝处理采用 60cm 宽土工布或防水卷材沿伸缩缝方向均匀铺设。伸缩缝土工布对称自上而下铺设,分段与墙体固定,确保土工布不起皱。

孔内混凝土终凝后进行墙后防水作业,防水材料需与墙面贴合,防水材料居中覆盖拉条螺栓孔。

13.4.2 备土

墙后沿边坡平台储备土方材料,备土前需将原基准面清表,基准面表层如被水浸泡应及时换填。所备土方如含水率较小,则均匀补水;含水率大的,则土方摊铺翻晒。

13.4.3 试验段技术参数确定

室内试验标准击实,以确定最大干密度和最佳含水率参数。现场根据试验参数选择一段落作为施工试验段,试验段施工工艺严格按方案及设计要求实施,主要确定松铺系数、碾压遍数、机械配置,为后续施工提供技术保障。

13.4.4 摊铺

各项技术指标确定后进行全断面土方摊铺,摊铺总体工艺为墙体对称摊土、对称碾压。采用2台推土机沿墙后由结构物两端向中间推土,测量人员逐个断面跟踪测量松铺高程。

挖掘机严禁将堆土区合格土料翻甩至墙后,挖掘机将堆土区土翻至墙后成堆,由推土机沿航道方向平铺初压。推土机由墙最外侧向内侧依次推进,减少推土过程中机械及土料对墙体的侧向压力。

回填过程中注意避让井管,防止发生碰撞。井管高度随回填土高度上升而增加,每阶段管口高度须比回填土高1m,以防止土方掉入井内对降水造成影响。墙后回填过程中根据"结构变形观测方案"需对墙身位移进行跟踪监测,每日进行数据汇总和分析,确定土方回填后结构位移的变化量和位移曲线。

13.4.5 碾压

压实机械应平行墙体方向碾压,严禁垂直墙体方向碾压,以防止侧向压力增大导致成品结构位移。在结构物墙后不能满足压实机械作业的区域使用蛙式打夯机夯实,夯实原则为先边缘后中间。机械压实时同一遍数相邻的压实轨迹必须搭接,搭接距离不得小于压实轨迹的1/3,由低处向高处碾压,每层填土压实的遍数根据压实设备和现场碾压试验决定。

13.4.6 倒滤层施工

分层摊铺碾压至每层墙后排水管时,按先压实后反开挖顺序进行倒滤层施工,机械开挖后人工辅以修整。倒滤层预先铺设土工布后安装墙后排水管,结构碎石填充密实,排水管接头紧固。施工完成覆盖上层土时机械需注意避让,以防破坏倒滤层结构,倒滤层位置土方采用小型夯实机或人工夯实。纵横向管道接头处采用土工布包裹并用铁丝绑扎,沿闸室纵向每隔4m在墙体内钻孔插钢筋挂钩,纵向软管悬挂固定与墙体保持顺直。

第14章 护坦工程

14.1 工艺简述

护坦工程为船闸的消能、防冲刷设施,设计为钢筋混凝土护坦及素混凝土护坦两种。钢筋混凝土护坦设置于闸首格梗外侧,下侧设置纵横向齿坎。素混凝土护坦相接于钢筋混凝土护坦,两侧与导航墙底板相连,最外侧设置防冲槽抛石。护坦结构如图14-1所示。

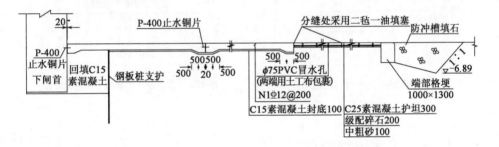

图14-1 护坦结构图(尺寸单位:cm;高程单位:m)

钢筋混凝土护坦基槽开挖宜采用放坡式,然后绑扎护坦钢筋,安装模板及止水件,模板采用胶合板加钢管围檩结构形式(素混凝土护坦采用胶合板加木方围檩结构形式),泵送入模,一次浇筑完成。

14.2 开工准备条件

(1)基槽降水已满足设计要求(一般要求降至底板底面50cm以下)。
(2)导航墙沉降位移已稳定,沉降速率符合设计要求。
(3)施工所用材料已进场,并检验合格。

14.3 工艺实施流程

护坦施工工艺流程分别如图 14-2、图 14-3 所示。

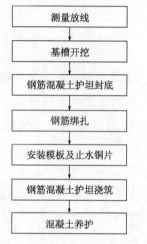

图 14-2 钢筋混凝土护坦施工工艺流程图

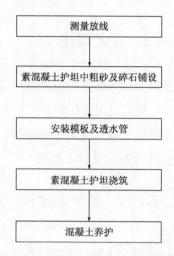

图 14-3 素混凝土护坦施工工艺流程图

14.4 工艺控制重点

14.4.1 测量放样

基槽开挖后在基底面放出纵横向齿坎结构线、钢筋混凝土护坦和素混凝土护坦结构分块边线。

14.4.2 基槽开挖

基槽分段开挖,预先开挖钢筋混凝土护坦断面,待结构施工完成后开挖素混凝土护坦断面。基底开挖预留 30cm 保护层土方,采用挖掘机+人工辅助的工艺将纵横向齿坎及表面虚土挖除至设计高程(同主体保护层土方开挖)。

护坦一般在导航墙及船闸主体结构施工完成后施工,基槽开挖前需控制该段落地下水水位,确保干地开挖,并沿结构边线外侧开设排水沟,将基槽内积水及时排除;基槽及齿坎开挖后需及时进行封底。

基槽开挖前3d需留意天气情况,尽量避免阴雨天气作业。

14.4.3 钢筋制作与安装

(1)钢筋在加工厂下料加工,由于护坦沿航道方向为变截面,因此需根据两侧导航墙底板实测横断面距离下料。

(2)封底面标识钢筋纵横向间距分布线,安装竖向支撑,竖向支撑纵横向间距不大于2m,检查合格后绑扎面层钢筋网。

钢筋混凝土护坦施工示例如图14-4所示。

图14-4 钢筋混凝土护坦施工示例图

14.4.4 垫层铺设及透水管安装

(1)中粗砂及碎石原材须经试验检测合格后方能运输至现场。

(2)垫层铺设前,打设高程控制桩,并纵横向通长拉线找平,依据高程人工分块铺设。

(3)素混凝土护坦预埋透水塑料管间距需符合设计要求。

(4)透水管管内需填满透水层,下端透水土工布包裹严密,管周围粗砂或碎石垫层可适当加高,以保证透水管牢固不倾斜。

14.4.5 模板及止水件安装

(1)由于护坦设纵横向伸缩缝,因此护坦分块对角安装模板(图14-5)。

图14-5 模板分块安装示例图

(2)模板安装纵横向轴线顺直,"十"字交叉点模板拼装严密。

(3)止水件在厂内加工成形,现场焊接,采用煤油检验焊缝处是否渗漏,安装后检验其平整度及U形槽轴线。

14.4.6 混凝土浇筑

混凝土浇筑宜采用汽车泵泵送入仓工艺,采用插入式振捣器内部振捣,振捣器按梅花形插入振捣,间距不超过振动器作用半径的1.5倍,振捣时间以混凝土表面平坦、无气泡、不下沉、开始泛浆为宜。

混凝土浇筑结束后应及时平仓、抹平,并清除表面多余浮浆,在混凝土终凝以前进行两次压实、两次抹光。

14.4.7 混凝土养护

根据护坦浇筑季节的不同,应制定不同的养护措施,夏季采用喷淋保湿养护,冬季可采用涂抹养护液、粘贴塑料薄膜密封、覆盖土工布、毛毯等多层保温保湿措施,混凝土内外温差不应超高25℃,养护时间不少于14d。

14.4.8 防冲槽施工

防冲槽一般设计为抛石棱体,建议施工完成后,在其面层浇筑一层 5~10cm 厚混凝土,防止船闸运行阶段出现块石被拖带至护坦或闸首区域,影响船舶通行安全。

第15章 沉降缝

15.1 工艺简述

沉降缝在混凝土结构物与结构物之间,宽度一般2cm,为防止相邻两块结构物沉降不均匀而设置。沉降缝自下而上垂直贯通,填充物与结构物紧密贴合。

结构施工前,根据相邻成品结构物断面尺寸裁剪出相对应尺寸的填充材料(一般为聚乙烯板),宜采用万能胶将聚乙烯板与结构粘贴紧密。万能胶涂抹应均匀饱满,避免聚乙烯板与结构之间出现空鼓,混凝土浇筑时形成褶皱和沉降缝破坏,影响沉降缝质量。

15.2 开工准备条件

(1)进场的沉降缝填充物(聚乙烯板)和粘贴材料性能满足设计和安装要求。
(2)混凝土结构物表面清理干净,且已通过成品验收。

15.3 工艺实施流程

沉降缝施工工艺流程如图15-1所示。

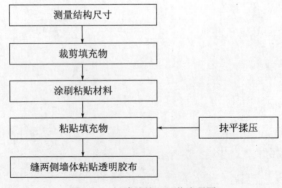

图15-1 沉降缝施工工艺流程图

15.4 工艺控制重点

15.4.1 测量结构尺寸

结构物施工成品尺寸与设计尺寸存在少许规范内允许误差,安装填充物(聚乙烯板)前需精确尺量墙体结构实际尺寸,根据实测数据对应裁剪填充物(聚乙烯板)。

15.4.2 涂刷粘贴材料(万能胶)

结构修补后涂刷粘贴材料(万能胶),施工需根据裁剪的各填充物(聚乙烯板)尺寸在结构上分块涂刷,涂刷需均匀饱满。

15.4.3 粘贴填充物(聚乙烯板)

粘贴材料(万能胶)全面涂刷完成需立即粘贴填充物(聚乙烯板),沿结构边线采用铝合金板自上而下对称粘贴,确保无空洞、无起折,粘贴完成后采用木榔头轻触柔压,以确保粘贴密实牢固。

15.4.4 缝隙处理

沉降缝间如因混凝土浇筑后出现鼓包现象,宜采用沥青或环氧树脂填充密实。沉降缝表面边缘如有缺陷应及时细部处理,确保沉降缝垂直美观。

第16章 重力式靠船墩

16.1 工艺简述

靠船墩底板基槽采用放坡式基槽开挖,根据地质条件和地下水水位高度,严格控制基槽开挖坡比和降水高度,确保施工安全。封底施工完成后,底板采用木模板支设,一次浇筑成形。

重力式靠船墩墩身一般可采用钢管支架法和移动模架法搭设墩身模板。由于混凝土结构体积大,结构尺寸高,墩身护面钢板定位比较困难,所以墩身宜分两次进行浇筑:先浇筑护面钢板以下的墩身混凝土,再继续安装护面钢板,浇筑墩身上部结构。

重力式靠船墩结构如图16-1所示。

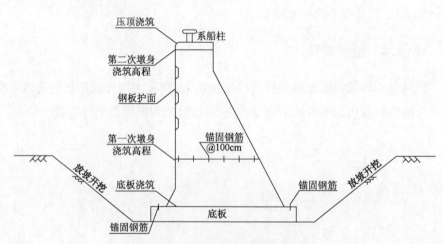

图16-1 重力式靠船墩结构示意图

由于混凝土方量大,为加快施工作业效率,墩身混凝土多采用泵送浇筑工艺,施工场地有限或特殊情况下也可以采用吊罐、皮带输送机输送入仓工艺。本手册主要叙述钢管支架法支设墩身模板、两次浇筑成形的施工工艺。

16.2 开工准备条件

(1)基槽降、排水已满足设计要求(一般要求降至底板底面50cm以下)。

(2)基槽开挖尺寸及高程满足要求,基槽边坡按设计要求放坡开挖。

(3)地基已按要求进行处理并通过验收,底板施工前基槽已完成封底。

(4)墩身施工前脚手支架安装技术及安全稳定性已通过验收,具备人员安全上下通道和施工作业平台,施工现场已按要求张挂脚手架验收合格牌等相关安全警示标识。

(5)墩身施工前底板强度、接缝处理满足设计要求。

(6)混凝土拌和与浇筑设备应有两台(套)以上,一台使用,一台应急备用。

(7)靠船墩预埋件、钢板护面等材料已经进场并检验合格。

16.3 工艺实施流程

重力式靠船墩施工工艺流程如图16-2所示。

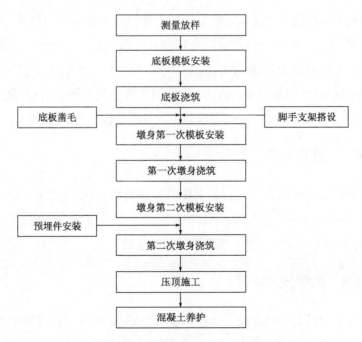

图16-2 重力式靠船墩施工工艺流程图

16.4 工艺控制重点

16.4.1 测量放样

利用全站仪仪器在已经完成封底的基槽内测放出靠船墩底板角点,确定结构空间位置。

16.4.2 底板模板安装

重力式靠船墩多为独立式结构,底板厚度适中。为方便施工,提高结构物施工效率,底板模板采用木模板+钢管围檩结构形式。模板安装应注意迎水面线形控制。

16.4.3 底板混凝土浇筑

采用汽车泵将混凝土输送入模。混凝土浇筑结束后应及时磨平,并清除表面多余浮浆,在混凝土终凝以前将墩身范围外进行两次收光抹面。混凝土终凝后及时用土工布覆盖、洒水保湿养生。

混凝土浇筑时,应注意在底板面(墙身倒角前沿线外侧15cm位置)预埋锚固钢筋,在后续上部结构施工时,用以固定墩身倒角模板,防止上浮。

16.4.4 底板凿毛

混凝土强度达到设计强度的2.5MPa后,进行底板凿毛,凿毛时将混凝土表面的水泥砂浆和松动石子及混凝土软弱层全部凿除,并露出粗集料;在浇筑上层混凝土前,按施工规范的要求处理凿毛后的施工缝。

16.4.5 脚手支架搭设

临时脚手架搭设应符合现行行业标准《建筑施工扣件式钢管脚手架安全技术规范》(JGJ 130—2011)要求。脚手支架应设置"之"字形人员上下通道,并按要求设置安全密目网和防坠网,搭设完毕后,须按规定对脚手架稳定性、安全性、规范性进行检查,检查合格后,及时填写、张挂脚手架验收合格牌,方可交付使用。临时脚手架搭设示意图如图16-3所示。

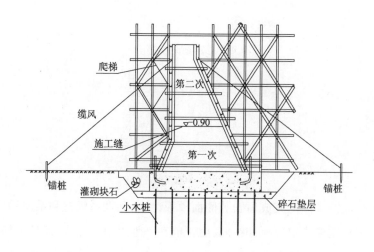

图16-3　临时脚手架搭设示意图(高程单位:m)

16.4.6　墩身模板安装

墩身第一次混凝土浇筑采用木模板支设;墩身第二次混凝土浇筑时,迎水面利用护面钢板支设,背水面结合胶合板进行支设。根据混凝土浇筑高度、混凝土侧压力设计设置纵横向围檩。模板的拼缝保持平顺、严密,不漏浆。

16.4.7　预埋件安装

钢板护面、钢包角、系船钩、灯杆基础及接线装置、系船柱预埋法兰等均按要求在后场加工成形运至现场安装。所有预埋件的安装位置准确,牢固,其中系船柱预埋法兰盘应特别注意螺栓摆放方向。

墩身上部钢板护面用汽车吊整体吊装固定。钢板护面直接放立在墩身下部混凝土面上,与混凝土外边缘齐平,用手拉葫芦调整护面垂直度,背后用钢筋连接钢板护面锚固钢筋和墩身下部接合面预埋的插筋,固定住钢板护面。

钢板护面固定如图 16-4 所示。

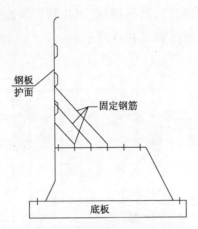

图 16-4 钢板护面固定示意图

钢板护面安装固定完成后安装侧面模板,然后预埋系船柱和系船钩预埋件。系船柱预埋件主要为定位板和锚筋,施工前在平地上组装完成,保证锚筋与定位板垂直且锚筋之间距离符合图纸要求,然后在浇筑前将系船柱预埋件与护面钢板焊接固定,确保位置准确、水平,定位牢固。系船钩预埋件则是将系船钩定位板和锚筋事先组合成整体,然后在钢板护面上按图纸位置和尺寸开出窗口,将系船钩锚筋与钢板护面的锚筋焊接固定,系船钩定位板与钢板护面窗口之间的空间按照图纸尺寸,采用木模做成盒子形状并安装在护面内部,施工时应确保定位准确、牢固。所有预埋件安装完成后,浇筑墩身上部混凝土。

16.4.8 混凝土浇筑

重力式靠船墩汽车泵泵管可深入模内下层,浇筑不需悬挂串筒。墩身分两次浇筑成形,第一次浇筑完成后,在墩身混凝土表面预埋锚固钢筋,钢筋纵横间距100cm,长度为40cm,埋入深度为20cm。预埋钢筋既保证了结构物施工缝的紧密衔接,也可用于上层钢护面的定位安装。

墩身分两次浇筑成形,为减小上下层的约束力,利用下层混凝土的余温,缩小上下层混凝土的弹性模量比,在施工中尽量缩短同一结构物上、下层混凝土的浇筑间隔时间。

16.4.9 压顶施工

在墩身上部施工完成后,对新旧混凝土面接缝进行凿毛处理,对系船柱及灯座等预埋件的位置、高程和平整度复核,发现错误及时调整、修改。

16.4.10 混凝土养护

混凝土脱模后应及时养护,冬季采用土工布覆盖保温,防止混凝土终凝前受冻;夏季采用土工布覆盖喷淋养护。养护时间一般为14d。

第 17 章 桩柱式靠船墩

17.1 工艺简述

桩柱式靠船墩由灌注桩、底板、空箱墙身组成,为钢筋混凝土空箱结构。靠船墩分两次进行浇筑,第一次浇筑墩台,待混凝土达到设计要求后搭设顶板支撑体系,安装墩身钢筋、模板,浇筑第二次墩身混凝土。

桩柱式靠船墩墩台施工,根据施工现场条件可采用多种施工方法。当在水上作业无法搭设落地支架时可采用抱箍法、钢牛腿、预埋型钢搭设支架、预埋钢板焊接支架等施工方法;当具备无水作业施工条件,可直接采用支架法、土料填筑施工平台开挖基槽法进行墩台施工。本手册墩台施工,重点描述采用土料回填修筑施工平台,再反开挖基槽的施工方法。

靠船墩墩台成品验收合格且混凝土达到设计要求后,具备墩身施工条件。墩身模板、钢筋、钢护面可采用支架法或移动模架法进行安装,混凝土浇筑可根据墩身高度选择一次到顶或多次到顶。本手册墩身施工,重点描述支架法立模一次浇筑到顶的施工工艺。

17.2 开工准备条件

(1)灌注桩经检测合格,桩头已按设计要求进行处理。

(2)土料填筑的施工平台承载力满足要求。

(3)墩台施工前,基槽开挖尺寸及高程满足要求,并按要求进行封底。

(4)墩身施工前,脚手支架安装技术及安全稳定性已通过验收,具备人员安全上下通道和施工作业平台。

(5)墩身施工前,墩台成品质量已通过验收,底板强度及接缝处理满足设计规范要求。

(6)靠船墩预埋件、钢板护面等材料已经要求加工成形及防腐,经检验合格后运至施工现场。

(7)混凝土拌和与浇筑设备应有两台(套),一台使用,一台应急备用。

17.3 工艺实施流程

桩柱式靠船墩施工工艺流程如图 17-1 所示。

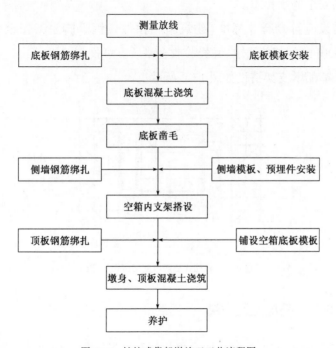

图 17-1 桩柱式靠船墩施工工艺流程图

17.4 工艺控制重点

17.4.1 测量放样

施工前对导线控制点和水准点进行复测,确认无误后进行靠船墩中心轴线及结构物边线等特征点位的测放,并做好明显标记。

17.4.2 支架搭设

墩身钢筋绑扎及模板安装前,在结构物外侧搭设脚手架作为施工平台,墩身空箱内侧搭设钢管支架作为内模板支撑体系。

钢管支架应编制搭设、拆除专项方案,钢管、扣件等相关材料的技术参数和布置形式应满足设计方案和规范要求,并设置充足的防失稳设施,搭设完成后应配备充足的安全警示标志。

支架搭设应符合行业标准《建筑施工扣件式钢管脚手架安全技术规范》(JGJ 130—2011)的相关要求,并经验收合格后方可投入使用。

桩柱式靠船墩支架搭设如图17-2所示。

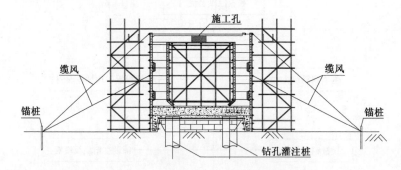

图17-2 桩柱式靠船墩支架搭设示意图

17.4.3 钢筋加工及安装

钢筋在后场下料加工,经检验合格后运至现场绑扎,靠船墩台采用筑土填筑开挖基槽的施工工艺时,钢筋绑扎前应进行封底施工;浇筑墩台混凝土前,应检查侧墙预埋钢筋是否准确定位、绑扎(焊接)牢固,是否设置有效的防倾倒失稳措施。对于一个月以内不能隐蔽的预埋钢筋应涂刷阻锈剂或水泥浆,避免钢筋力学性能受损。

钢管支架法施工墩身顶板前,底模应清理干净,验收合格后,方可进行顶板钢筋绑扎。钢筋绑扎应采用工厂预制的定型垫块垫起,垫块厚度应满足设计规范要求,垫块强度不应小于结构物设计强度。

17.4.4 模板制作、安装

本手册中桩柱式靠船墩墩台模板施工方法同于重力式靠船墩底板施工,此处不再赘述。

墩台底板成品验收合格且混凝土强度达到设计要求后,应对墙身与底板接触面按施工缝进行凿毛处理,将松散部分的混凝土及浮浆凿除,并用水清洗干净,方可进行下一步施工工序。

墩身迎水面模板直接利用钢板护面,侧墙外模板采用定制钢模板,墩身顶板内模板采用胶合板。临时钢管支撑体系及竹胶板底模板应进行严格的安全、稳定性计算分析,经验收合格后方可进行混凝土浇筑。

17.4.5 预埋件安装

钢板护面、钢包角、系船钩、灯杆预埋基座、系船柱预埋法兰、铁爬梯预埋角铁、栏杆扶手预埋件等均按要求在后场加工成形运至现场安装,所有预埋件的安装位置应准确、牢固。

预埋件安装时,应特别注意灯杆基座、系船柱法兰盘螺栓埋设方向,避免灯杆和系船柱安装时出现角度偏差。墩身浇筑前,应认真检验复核相邻靠船墩间板梁支座预留槽口相对距离及槽口尺寸大小,槽口尺寸可适当放大,确保不影响板梁安装。

17.4.6 混凝土浇筑

混凝土浇筑采用泵送法进行浇筑,布料前,施工缝应用水冲洗干净,确保润湿充分,低洼地方积水用海绵吸干。靠船墩墩身混凝土采用水平分层浇筑,分层厚度为50cm。

混凝土浇筑应确保连续,布料均匀,避免产生冷缝和分层。出现泌水现象时,应及时舀出,或采用海绵吸出。混凝土生产、运输、输送设备均应留有备用设备。

混凝土浇筑过程中应派木工、架子工、电工及试验人员在现场值班,严格控制混凝土浇筑速度,避免因浇筑过快造成模板失稳。

17.4.7　混凝土养护

混凝土脱模后应及时养护,冬季采用土工布覆盖保温,防止混凝土终凝前受冻;夏季采用土工布覆盖洒水养护。养护时间一般为14d。

第18章 重力式护岸墙

18.1 工艺简述

（1）重力式护岸墙结构形式：一般为仰斜式和俯斜式等。本手册所述为俯斜重力式护岸墙。重力式护岸墙结构如图18-1所示。

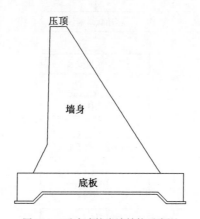

图 18-1 重力式护岸墙结构示意图

（2）施工工艺：采用移动模架的施工工艺，利用龙门拼装模板，无须搭设脚手架；龙门和模板一次性拼装完成，整体移动，重复使用；护岸墙混凝土一次性完成浇筑，适用于结构段长度8～20m的"一"字形混凝土护岸墙，施工节段越多，优越性(进度、效益)越明显。采用支架法的施工工艺，需搭设脚手架拼装模板；倒角、墙身需2次立模；前后模板分体，需机械移动模板，适用于异性结构，施工节段少。本手册主要描述移动模架的施工工艺。

18.2 开工条件准备

（1）基槽降、排水已满足要求（一般要求降至基槽底面50cm以下）。
（2）基槽边坡防护及边坡位移量观测均符合要求。

(3)基槽已通过联合验收,有地基处理的已完成并通过检验。

(4)混凝土的强度达到5MPa以上。

(5)混凝土拌和与浇筑设备一般应有两台(套),一台使用,一台应急备用。

18.3 工艺实施流程

重力式护岸墙施工工艺流程如图18-2所示。

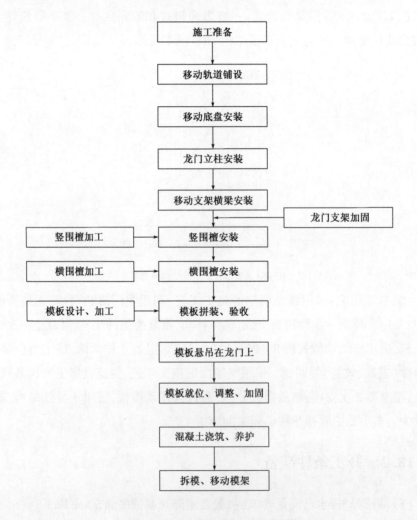

图18-2 重力式护岸墙施工工艺流程图

18.4 工艺控制重点

18.4.1 移动龙门架安装

在底板施工时,准确预埋轨道的螺栓,轨道(钢轨)采用反压钢板固定牢靠。

安装底盘时,采用钢尺精确测量底盘间距,以保证立柱准确对中。立柱可选用钢管或贝雷在底板上预拼装后,整体吊装,并用缆风绳固定牢靠。

以龙门架作为支撑,通过龙门架系统完成整体模架移动。移动龙门架结构见图18-3。

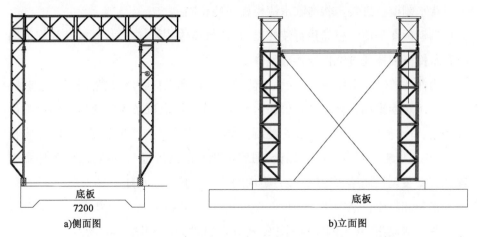

图18-3 移动龙门架结构示意图(尺寸单位:mm)

18.4.2 围檩加工

临水侧横竖向围檩和背水侧横竖向围檩可采用槽钢,根据受力计算,合理选择型号。端模围檩可采用桁架片加工而成。

18.4.3 模板拼装

模板采用大面钢模板,一次拼装完成,确保模板整体平整度。模板拼装前,先施工竖向围檩,再施工横向围檩。围檩拼装完成后由下至上、由中间向两边进行模板拼装，拼装时跟踪检查模板的平整度，以保证模板拼装质量。移动龙门架和模板拼装见图18-4。

图18-4　移动龙门架和模板拼装图

背水侧模板拼装步骤与临水侧模板拼装相同。

端模板在平地上整体预拼装好以后，进行整体吊装，端模板桁架片与临水侧和背水侧横围檩通过螺栓连接成整体。

为保证墙身前沿线顺直，在临水侧模板上口和下口各增设横向桁架片围檩。

拉条螺栓采用精轧螺纹钢筋，外套PVC管以保证拉条重复使用。临水侧设置倒角，背水侧采用斜坡形式，在混凝土侧压力作用下会产生上浮。为防止模板上浮，在底板施工时预埋反压螺栓，围檩系统底部设置通长反压梁，反压地脚螺栓全部安装至反压梁，严禁直接在竖向围檩上直接进行反压。

倒角和临土侧竖向围檩上设置楔形块，以保证拉条水平受力。

临水侧模板、背水侧模板围檩结构分别如图18-5和图18-6所示。

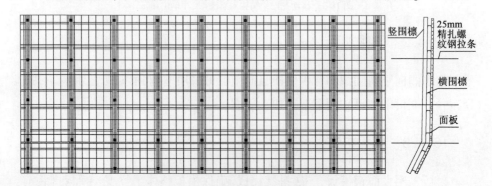

图18-5　临水侧模板围檩结构图

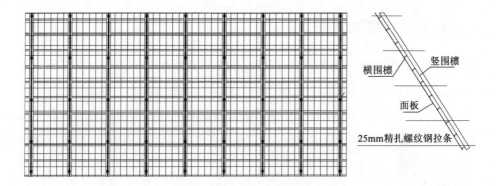

图 18-6 背水侧模板围檩结构图

模板拼装完成后,通过手拉葫芦和钢丝绳悬吊于移动龙门架上(图18-7)。

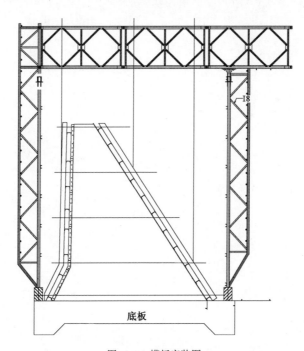

图 18-7 模板安装图

将模架移至待施工块件,安装夹轨器,固定门架。采用全站仪测量模板上口控制点,用手拉葫芦调整,从而定位模板。模板定位完毕后,穿入拉杆,紧固模板。

18.4.4 混凝土浇筑

混凝土浇筑时保持均衡上升,以保证两侧模板所承受侧压力基本平衡。因混凝土入仓高度较大,浇筑时应采用串筒,以防止混凝土离析。为避免混凝土冷缝的出现,初凝时间控制在6~8h,以保证在初凝时间内上层混凝土能够及时覆盖。混凝土分层厚度控制在50cm以内,振捣采用插入式振捣器,以保证混凝土密实。

第19章 老护岸贴面加固

19.1 工艺简述

(1)航道护岸常年受船舶撞击,护岸混凝土结构受损,一般采用混凝土贴面对受损护岸墙进行加固。

(2)老护岸加固形式为原有航道护岸墙顶面破凿后在墙体迎水面浇筑水下混凝土贴面墙,水下贴面墙与原护岸墙迎水面和顶面相连接,贴面混凝土内沉设PC管桩基础。

(3)护岸加固施工工艺为对老护岸墙前水下河床修整,沉设PC管桩,开凿原护岸墙顶松散混凝土后安装贴面模板,浇筑贴面混凝土。

老护岸加固结构如图19-1所示。

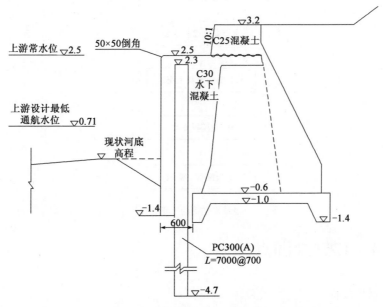

图19-1 老护岸加固结构示意图(尺寸单位:mm;高程单位:m)

19.2　开工准备条件

(1)护岸加固所用 PC 管桩原材料已进场并检验合格。
(2)水下河床初始断面高程已采集并绘制断面图。
(3)机械船舶配置及数量符合方案要求并已通过验收。
(4)已设置临边安全防护及施工区周围警示标牌。

19.3　工艺实施流程

老护岸加固施工工艺流程如图 19-2 所示。

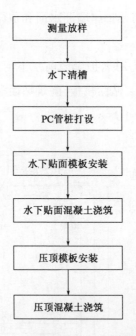

图 19-2　老护岸加固施工工艺流程图

19.4　工艺控制重点

(1)测量放样
①对船闸全线导线控制网及水准控制点进行复测。

②使用测深仪对临岸老护岸墙前水下河床高程测量。

③在老护岸顶面放样 PC 管桩及水下贴面前沿控制轴线。

④全断面基槽开挖后对水下河床高程进行测量,确保基槽宽度及顶高程符合设计要求。

(2) 水下清槽开挖

①根据原始河床测量数据采用抓斗式挖泥船将墙前的土方、块石、淤泥等杂物清理到设计高程,宽度比设计宽度大 50cm 左右。

②根据放样标示,采用定位挖泥船进行墙前清槽,清槽过程中严格按照高程控制点控制好基槽高程,并确保槽底宽度,同时外坡按照设计坡度设置,清槽过程中避免机械碰撞老护岸墙体,清槽过程中随时检测槽底高程。

③开挖前采用测绳每隔 1m 测量原河床顶高程,根据各测量点计算最大开挖深度及最小开挖深度,依据最小开挖深度顺航道方向预先向下开挖一层,预留约 50cm 进行二次开挖,采用测量塔尺每隔 0.5m 检验开挖高程,对基槽顶面大于设计顶高程位置即预留深度进行二次开挖修整。

④基槽沿纵断面不宜全部开挖,由于过往船舶较多,水流冲刷较频繁,开挖后如不及时水下浇筑,贴面基底河床易淤积,影响模板安装。

(3) PC 管桩沉设

①PC 管桩采用水上运输至现场,船舶水上施工时,定位船就位后,用钢丝绳捆扎预制桩,使用挖掘机进行起吊。起吊时,应缓慢吊起混凝土桩,使其竖直后就位于标记的桩位,先轻击桩顶,使其下沉 0.5～0.8m 并定位。

②沉桩工作应一次沉到设计高程,中途不得停顿。沉桩过程中应保持打桩设备上的振动锤中心与桩身轴线重合,接近设计高程时应放慢沉桩速度,确保桩体定位准确。沉桩过程中做好贯入度和沉桩作业记录。

③沉桩的贯入速度应保持均匀。沉桩作业的最后阶段,当贯入速度小于 2mm 时,暂停打桩作业,如果桩顶还未达到设计高程,待查明原因后,采用增加振动力度或更换重锤等方法进行处理。

④沉桩以控制桩尖设计高程为主,贯入度控制为辅。当贯入度已经达到控制贯入度,而桩端高程未达到设计高程时,要继续锤入 10cm 左右,如无异常变

化时,即可停锤。

PC 管桩施工如图 19-3 所示。

图 19-3　PC 管桩施工示例图

⑤高水位施工时,一次沉桩不能满足设计要求高程时,设置替打及送桩装置。替打和送桩装置要满足刚度要求,顶部设置木垫,替打及送桩装置长度不宜超过桩长 2/3。在替打装置和桩顶之间设置具有一定弹性的桩垫,其厚薄要均匀,尺寸应与桩顶截面相同,纸垫的厚度宜为 10~20cm,木垫的厚度宜为 5~10mm。

⑥在原护岸底板前沿打桩,桩位容易向前走动,故放桩时要向后移动一些。桩身稳定后应检查其竖直度及位置的准确性,垂直度偏差不超过 5‰。验收合格后,解去钢丝绳,使用振动锤夹住桩头锤击桩顶,使其下沉至设计高程位置。

(4)水下模板安装

①迎水面模板采用组合钢模板,侧模板采用钢模板加木模板,与迎水面钢模板刚性连成一个整体,侧模板和迎水面模板连接处要做成略大于 90°的拐角,便于拆模板和保护混凝土棱角。

②为了迎水面模板水下固定,在迎水面模板的背面设置一定数量的竖向轨道钢(或型钢),轨道钢的上端(水面以上)与岸边设置的锚桩用钢管和花篮螺栓

连接锚固,下端打入河床以下(入土深度不小于2m)。迎水面模板支撑在轨道钢上。

③整体模板需根据原护岸结构尺寸制作,模板下端采用角钢做成楔形,利用角钢的直边使模板下切入土,以增强模板的稳定性,模板安装时压入河床土层中,防止混凝土溜跑。

④由于老护岸墙存在时间较长,墙体不均匀位移,安装模板时,端模板与老护岸之间存在一定空隙,此空隙采用一块实际尺量下料的木模板进行填充,并采用模板钩和钢管固定。

⑤模板安装就位后使用挖泥船水下挖泥,将模板前沿下端堆积少量泥土,增强模板下端支撑力,防止浇筑导管开盘瞬间下端模板胀模。

水下贴面模板安装、模板锚固设置分别如图19-4、图19-5所示。

图19-4 水下贴面模板安装图

图19-5 模板锚固设置图

(5)水下混凝土浇筑

①采用导管法浇筑,浇筑前必须先检查混凝土泵的输送管路确保不透水。要求集料的最大粒径不应大于导管内径的1/4,同时不应大于40mm。导管的平面布置数量,依照浇筑范围和流动半径而定。

②浇筑前将导管(料斗+钢管)分别用自制的钢卡子固定好,防止导管晃动。管底距基槽底不超过20cm。首次浇筑量确保导管埋深不小于0.5m,料斗

内设置封头板,待料斗装满混凝土,拔除封头板,此时混凝土浇筑不间断,连续灌筑,并用测绳测量混凝土上升面高度,浇筑过程中控制好导管的提升和移动。

③严禁不使用导管直接抛洒混凝土。首先用导管法将混凝土浇出水面以上,在出水面后加送混凝土并进行振捣,使混凝土由一端向另外一端全断面推进,直至浇筑完成该段混凝土。

④航道水位高于模板顶高程时严禁开盘浇筑水下混凝土。

⑤根据施工长度确定该断面浇筑料斗数量,料斗浇筑时混凝土需对称上升。

⑥老护岸可能不顺直,为避免长距离控制导致局部混凝土贴面线形不符合设计要求,施工时建议采取分段取直的原则(基本以50m进行取直放线),同时在护岸墙后的平地上设置与新护岸前沿线平行的控制线,以校核迎水面前沿线。

第20章 排桩式导航墙

20.1 工艺简述

排桩式导航墙一般为灌注桩桩基础与胸墙混凝土锚定结构相结合的结构形式,该结构基础与胸墙锚定结构独立施工。

灌注桩式导航墙适用于黏性土、砂土等土质地层施工,与一般的重力式导航墙不同之处在于,排桩式导航墙基础为灌注桩结构,导航墙周围建筑物较多,由于基槽开挖影响周围建筑物稳定,涉及临水的导航墙结构一般采用排桩式导航墙。该类导航墙优点在于,施工时无需基槽开挖,临水作业时不需要采取围堰等措施,施工成本降低;缺点在于,结构工序较多,结构基础施工周期较长,灌注桩施工线形要求高。

本手册阐述排桩式导航墙施工工艺,导航墙基础灌注桩施工工艺详见相关专题介绍,此处重点阐述基础施工完成后的导航墙贴面、胸墙、系梁、冠梁的施工(图20-1)。

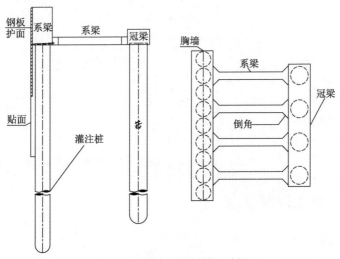

图20-1 排桩式导航墙结构示意图

20.2 开工准备条件

(1) 导航墙所用原材料已进场并检验合格。
(2) 测量导线控制网及水准点已复核通过验收。
(3) 灌注桩成品已检测并符合设计及规范要求。
(4) 结构施工场地已平整压实并进行硬化封底。
(5) 钢板护面胎架已安装牢固,且已抄平校核平台顶面平整度。

20.3 工艺实施流程

排桩式导航墙施工工艺流程如图 20-2 所示。

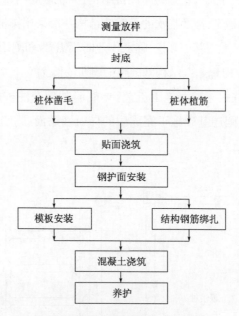

图 20-2 排桩式导航墙施工工艺流程图

20.4 施工控制重点

(1) 测量放样
① 施工前对封底面及高程控制并进行复测校核,复核封底高程,复核桩中心

偏位及结构尺寸。

②在封底上放出胸墙、系梁、冠梁中心轴线特征点、贴面前沿线控制点、系梁倒角特征点位,经对断面尺寸校核准确后进行弹线标识。

(2)桩体凿毛

①贴面部分灌注桩桩体需凿除表面浮浆及松软层,桩体凿毛面需覆盖桩体直径的一半,深度至少要 5~10mm 以上,凿毛痕的间距为 30mm 左右,凿毛率不小于90%。

②由于桩基施工时有扩孔现象,凿毛时需将桩体多余部分凿除,保证贴面施工的断面尺寸。

(3)植筋

①桩与桩之间采用墨斗线标记纵横向植筋中心及间距控制网(图20-3)。

图20-3 植筋控制线

②桩体植筋纵横向间距不大于60cm,植筋深度根据钢筋直径而定,一般不小于20cm,植筋外露桩体长度一般不小于40cm。

③人工采用电钻凿孔,孔洞深度采用游标卡尺尺量(图20-4),符合要求后利用吹风机将孔内浮灰清除,凿孔直径一般比钢筋直径大1cm。

④保持孔内干燥后采用注射式胶体进行孔内填充,直至胶体溢出孔外,将加工后的钢筋缓慢插入孔内,植筋须与桩体面垂直(图20-5)。

⑤植筋分两种:一种用于结构自身锚固,另一种用于施工模板锚固。植入桩体的钢筋须纵横向交叉布置。

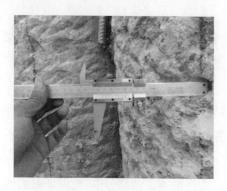

图20-4 游标卡尺验孔　　　　图20-5 孔内填胶植筋

⑥植筋完成须等胶体凝固后进行抗拔试验,需逐根检查。

(4) 桩基混凝土贴面施工

①贴面为钢筋细石混凝土结构,钢筋网片为厂内加工完成运至现场安装,钢筋网片固定后采用"7"字筋,将网片与桩体植筋焊接,不小于 4 个/m^2 焊接面。

②下端封底面墨斗弹出贴面前沿线及单节墙体两侧结构边线,下端每隔一段打设一根限位钢筋,将模板安装拼接,采用垂直跟踪效验模板垂直度。

③模板上下拼缝须间距相等,拼缝搭接处采用骑缝处理,防止浇筑过程中模板受力不均产生错台。

④由于拉条螺栓为单侧锚固受力,模板初安装后采用方钢紧靠模板,根据方钢范围内模板平整度进行拉条螺栓的锚固控制,同时进行垂直度控制。

⑤贴面一般断面尺寸较小,混凝土采用汽车泵浇筑,沿墙每隔 2m 布置一根串筒,浇筑速度需尽量缓慢,每层布料厚度不大于 30cm,采用加长管振捣器振捣,振捣时严禁贴靠模板及拉条螺栓。

(5) 胸墙、系梁、冠梁及贴面施工

①半成品钢筋厂内加工后运输至现场,依据结构控制线铺设保护层垫块,通长挂线后安装骨架控制钢筋,两端挂设垂线调整控制筋垂直度,然后安装水平钢筋;骨架临时固定后绑扎其余钢筋,其余钢筋绑扎前在水平筋上标识间距分布点。钢筋安装横向间距依据间距分布点,横向间距依据两侧骨架控制线。

②迎水侧采用设计钢板护面替代常规模板安装,钢护面半成品在胎架拼装,胎架采用钢管搭设,胎架平台须硬化处理并控制顶面平整度,选用长度相等的钢

管进行胎架搭设;胎架搭设完成后逐根测量钢管高程,微小偏差采用 3~5mm 钢板进行调整。

③钢板护面拼装后检查整体大面平整度及对角线差,验收合格后进行焊接。先迎水侧焊接,采用"分段退焊法"焊接,焊接完成后钢板护面翻身焊接背水侧一面,焊接工艺同迎水侧。

④钢板护面初次位置安装调整完成后钢板护面下端固定,将钢板护面上端采用手拉葫芦将钢板护面倾斜远离胸墙钢筋骨架,人工下入钢板护面与上节段贴面间进行锚筋焊接作业;焊接后采用水平控制线及垂线对钢板护面进行精确调整,然后将钢板护面拉回原初次安装位置,最后进行钢板护面最终锚固。

⑤胸墙、系梁及冠梁模板采用定型钢模安装,模板安装以结构线及限位筋进行控制。模板安装时根据结构设计现场进行排水管下料,两端包裹双层透明胶布,然后安装在设计位置,排水管两端需与模板紧贴后紧固。

⑥混凝土浇筑顺序为先浇筑上节段贴面,后浇筑胸墙及冠梁混凝土至系梁顶面高程,由于系梁与胸墙、冠梁结构存在高差,胸墙及冠梁混凝土浇筑后会从系梁处反涌,一次浇筑至系梁顶高程后需停滞一段时间,在混凝土初凝前进行二次浇筑,将冠梁及胸墙浇筑至设计高程,最后浇筑中间系梁。

第21章 锁口钢管桩式导航墙

21.1 工艺简述

锁口钢管桩式导航墙一般采用锁口钢管排桩基础与胸墙混凝土锚定结构相结合的施工工艺,该工程基础与胸墙锚定结构独立施工。

锁口钢管桩式导航墙适用于黏性土、砂土等土质地层施工,优点是钢管自身刚度大,管桩锁口连排整体受力,基础稳定性高,沉桩不受地理位置影响,陆地及水上均可施工,沉桩施工效率高,沉桩速度快,节省工期;缺点是地质条件受限,仅适用于土层地质施工,管桩锁口连接处止漏及管桩中心偏位控制难度较大,管桩为厂内加工制作,管桩材料成本大,成品制作工艺要求高。

锁口钢管桩施工分陆地及水上沉桩两种:陆地施工一般为先开挖导向基槽,沉入管桩在桩后回填土施工胸墙结构;水上施工一般为先沉入管桩,在桩后回填土施工胸墙结构。陆地沉桩一般为吊车配振动锤锤击沉桩,水中沉桩一般为浮吊船配振动锤锤击沉桩。

锁口钢管桩式导航墙结构如图21-1所示。

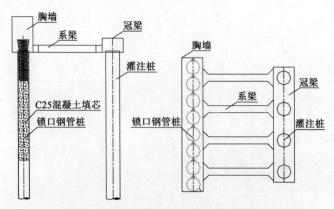

图21-1 锁口钢管桩式导航墙结构示意图

21.2 开工准备条件

(1)沉桩导向基槽开挖深度及宽度符合要求。
(2)陆地及水下施工前需清除障碍物,确保土层内无块状异物。
(3)陆地沉桩机械就位处地基需平整压实,地基承载力满足要求。
(4)振拔锤功率须满足要求,为保证沉桩垂直度,锤头需配置双头夹具。
(5)沉桩导向梁纵横向安装间距须满足管桩沉设中心偏位要求。
(6)水中施工平台及临水作业防护需满足要求。

21.3 工艺实施流程

锁口钢管桩式导航墙施工工艺流程如图 21-2 所示。

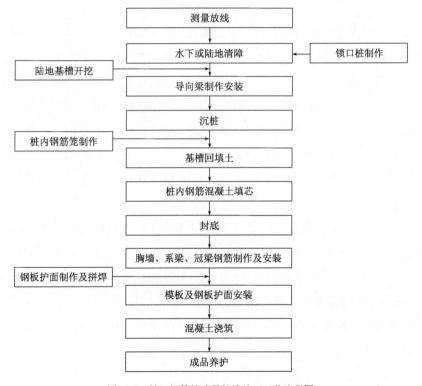

图 21-2 锁口钢管桩式导航墙施工工艺流程图

21.4 工艺控制重点

21.4.1 测量放样

(1)施工前对桩中心点放样,基槽开挖后对基槽宽度及基底高程进行测量。

(2)导向装置锚桩桩间横梁安装高程控制,锁口管桩沉入顶高程,以横梁安装高程为基准控制。

(3)基底放样锁口桩中心点及导向纵梁安装两侧内边线。

21.4.2 导向装置安装

锁口桩沉设主要控制重点为桩中心偏位、桩垂直度、阴阳头轴线。导向装置由钢管锚桩、锚桩桩间横梁、两侧导向纵梁、阴阳头型钢限位卡槽组成。

施工时根据测量放样点位预先沉设锁口桩两侧钢管锚桩,锚桩间距须满足桩间导向纵梁及锁口桩施工,锚桩沉设后焊接横梁。横梁施工主要控制横梁与锚桩的焊接及横梁安装顶面高程,纵梁安装于横梁上方并与之焊接固定,用于控制锁口桩纵向位移,两侧纵梁间距大于锁口桩设计直径4cm,阴阳头型钢限位卡槽根据设计阴阳头尺寸加工,锁口桩就位后安装卡槽用于控制锁口桩横向位移(图21-3)。

沉桩过程需严格控制沉入速度,大直径管桩需采用双夹具沉桩。采用双夹具对圆形管桩锤击时,应对称、均匀,这样容易控制管桩沉设过程中的垂直度(图21-4)。

由于锁口桩成品刚度有偏差,锁口桩加工时需在管内壁、顶部、端部焊接内支撑,现场沉桩前需将内支撑切割,切割易产生管桩物理变形,因此导向梁的安装需根据锁口桩刚度适时调整导向梁距离,导向梁之间距离直接影响管桩沉没过程的垂直度控制。

图21-3 沉桩定位导向装置

图21-4 沉桩限位卡槽装置

21.4.3 沉桩

定位导向完成后进行沉桩,沉桩前检查振拔锤夹具是否已夹固锁口桩,电流是否满足振拔锤启动功率,开始振动后缓慢沉桩,沉桩过程中注意观察锁口桩垂直度,如发现管桩无明显进尺或管桩倾斜扭曲,则立即停止沉桩,检查桩底是否有障碍物。

首根桩沉设完成后,在锁口处涂适量黄油,调整第二根桩位置,使阳头与阴头锁口后进行沉桩。黄油的功效主要为了减小锁口间的摩擦力。直线段除首根桩以外其余桩锁口均以相邻的前一根桩为基准桩依次施工,弧形段根据设计半径及弧长制作弧形导向梁,沉桩施工工艺与直线段相同。

振拔锤上系一根绳索,以便人员及时调整振拔锤夹具方向;管桩定位导向装置焊接安装完成后,人员需立即离开管桩周围。沉桩前需严格检查吊具、钢丝绳、锁扣等机具的紧固情况,确保安装后方可进行沉桩施工。

沉桩完成后锁口内实施压浆封闭处理,注浆填充锁口间隙,防止桩后土体通过锁口间隙而流失,造成质量事故。

21.4.4 基槽回填及灌注桩施工

锁口桩施工完成后采用优质黏土将基槽回填,回填需分层碾压密实,回填顶高程为胸墙结构底高程,回填后进行后排灌注桩施工。

21.4.5 胸墙锚定混凝土结构施工

前后排锁口桩及灌注桩施工完成后进行胸墙锚定混凝土结构施工,钢筋制作与安装符合钢筋施工规范要求,锚定结构的模板拼装控制线形、模内尺寸、模板拼缝等,迎水侧钢板护面组合拼装焊接后实施整体吊装,钢板焊接施工工艺与船闸闸室墙钢板护面施工工艺要求相同。